KB071060

손자병법 원문 읽기

| 손자 지음 • 청곡 백점기 옮김 |

지식공감

不朽之智 萬世之計

青谷

青谷白点甚

머리말

BC6세기경 중국 춘추전국시대 병법가(兵法家)이자 장수(將帥)였던 손무(孫武)의 전술 전략을 정리한 《손자병법(孫子兵法)》은 동서고금(東西古今)에 걸쳐 많은 애독자를 가지고 있는 고전 가운데 하나입니다. 여기서 손자(孫子)는 손무를 높여 부르는 말입니다. 한국에서만 350여 종의 관련 서적이 출판되어 있습니다. 비록 2600년 전의 전술 전략을 다룬 책이지만 시간과 공간을 초월하여 많은 사람이 여전히 애독하는 데는 그만한 이유가 있을 것입니다.

손자병법은 단순한 전쟁 기술만이 아니라 국방(國防), 내치(內治), 외교(外交)를 포함한 국가경영 그리고 인재 등용의 비법(秘法)을 다루고 있기 때문에 군사 전술가뿐 아니라 국가 지도자, 정치가들에게 주로 읽혀왔지만, 현대에 이르러서는 기업가(企業家)들도 많이 애독하고 있습니다. 책에서 다루고 있는 전술 전략은 치열한 경쟁사회에서 성공적인 비즈니스를 위한 지혜와 기업가 정신(Entrepreneurship)으로 유용하게 활용할 수 있기 때문입니다. 같은 손(孫)씨 성(性)을 쓰고 있는 손정의(孫正義) 일본 소프트뱅크그룹 회장은 열렬한 손자병법 애독자로 알려져 있습니다. 사업에 난관을 겪을 때마다 손자병법의 원문(元文)을 읽고 또 읽는다고 합니다. 그리하여 난관을 뚫고 나갈 용기와 지혜(智慧)를 얻는다고 합니다.

저도 오래전부터 손자병법에 흥미를 가지고 공부를 진행하기 위해 관련 서적을 찾아보았습니다. 그러나 국내에 출판된 관련 서적은 대부분 저자들이 자신의 식견을 바탕으로 원문을 분석한 해설서입니다. 원문을 직접 다룬 책은 많지 않습니다. 이들 해설서는 유용한 해설을 담고 있으나 책마다 해설내용이 완전히 일치하지 않고 각기 다른 경우도 많습니다. 동양고전 전문가들이 작업한 훌륭한 번역서가 몇 종 나와 있으나 고대 한자와 한문에 익숙하지 않은 독자들에게는 손정의 회장처럼 원문을 직접 읽기에는 여전히 진입 장벽으로 남아 있습니다. 따라서 손자병법을 공부하는 사람에게는 다양한 해설서를 읽기 전에 원문의 직접 읽기를 다룬 책이 필요합니다.

문제는 6,000여 자나 되는 고대 한자로 이루어진 원문을 번역하는 작업이 쉽지 않다는 것입니다. 다행히 저는 고대 한자에 어느 정도 익숙하여 손자병법 원문의 글자를 한 자씩 사전을 찾아가면서 원문을 번역하였고, 이렇게 정리한 내용을 독자들과 공유하기 위해 이 책을 쓰게 된 것입니다. 고대 한자에 익숙하지 않은 독자들을 위해 음과 뜻도 함께 실었습니다. 독자들은 사전을 찾는 번거로움을 덜 수 있을 것입니다.

이 책에서 번역 작업은 직역(直譯)보다 의역(意譯)을 기본으로 하되 원문에서 사용하고 있는 용어, 이를테면 장수, 진영, 행군 등 군사용어를 그대로 사용하였으나 필요에 따라서는 현대 비즈니스 세계에서 사용하고 있는 용어로 바꾸었습니다. 원문에는 "손자왈(孫子曰)", 즉 "손자가 말하기를"이라는 시작어가 여럿 나옵니다. 이 책에서는 원문의 "손자왈(孫子曰)"은 삭제하였습니다. 어차피 손자가 설파하는 전술 전략을 다루고 있으므로 굳이 "손자가 말하기를"을 반복할 필요가 없기 때문입니다.

제12장의 화공(火攻) 편(篇)은 직역하자면 '불을 이용한 공격'에 관한 전술을 기술하고 있습니다. 춘추전국시대 당시의 전쟁 상황에서는 창이나 화살보다 불을 이용한 공격이 가장 대규모 공격이

었을 것입니다. 그러나 현대에서는 화공(火攻)이란 미사일이나 심지어 핵무기를 이용한 대규모 공격을 의미합니다. 그래서 이 책에서는 단순히 불을 이용한 공격이라는 제한적인 해석보다 '대규모 공격'의 개념으로 번역하였습니다. 다만 불에 의한 공격을 위한 바람 등 날씨의 이용에 관한 내용은 그대로 남겨 두었습니다.

제13장의 용간(用間) 편(篇)은 원래 '간첩의 활용'에 관한 내용을 다루고 있습니다. 여기서 간(間)은 간첩을 의미합니다. 그러나 이는 현대 비즈니스 세계의 시각에서 보면 부정적이고 불법적인 개념을 내포하고 있습니다. 현대전(現代戰)은 정보 전쟁이라고 해도 과언이 아니지만, 법의 테두리 안에서도 얼마든지 중요한 정보를 수집하고 활용할 수 있습니다. 그래서 이 책에서는 현대 비즈니스 세계에서 통용되고 있는 바와 같이 다양한 '정보의 수집과 활용'의 개념으로 의역 작업을 진행하였습니다.

이 책에서 다룬 의역 내용은 제 식견을 바탕으로 작업한 것으로서 독자들은 이 내용을 참고로 하되 원문을 직접 읽고 현재 자신이 처한 상황에 견주어 나름대로 의역을 시도해 보면 좋을 것입니다. 이 과정에서 서점에서 구할 수 있는 훌륭한 해설서도 좋은 참고자료가 될 것입니다.

손자병법 원문, 특히 7.6절에서 손자도 지적하고 있는 바와 같이 전쟁을 승리로 이끌기 위해서는 장수뿐 아니라 군사 개개인의 정신상태가 안정되어 있어야 합니다. 현대적 표현으로는 정신적 스트레스(Stress, 응력, 應力)의 효과적인 제어와 관리가 필요합니다. 아무리 전술 전략이 뛰어나더라도 정신적으로 불안정하다면 전쟁에서 승리를 담보하기 어렵기 때문입니다. 그래서 제14장에는 제가 제안한 정신적 스트레스의 제어와 관리법을 실었습니다.

마지막으로 제15장에서는 "일류(一流) 성공을 위한 4대 요소(四代要素)", 즉 최고의 비전 전략, 최고의 인프라설비, 최고의 재능과 인재, 그리고 최고의 기술에 관한 내용을 실었습니다. 제가 제창한 "일류 성공법"에 관한 내용입니다. 여기서 네 가지 요소는 각각 동등한 비중의 중요성을 가집니다. 손자병법은 이들 네 가지 요소 가운데 '최고의 비전 전략'을 집중적으로 다루고 있는 책입니다. 완벽한 승리를 위해서는 나머지 세 가지 요소도 함께 최고로 만들어야 할 것입니다.

비전(Vision) 전략이란 남보다 한발 앞서 시대의 변화를 읽고 획기적인 전략을 수립하는 지혜(智慧)입니다. 이 책을 통하여 소프트뱅크그룹 손정의 회장처럼 손자병법의 원문을 직접 읽고 이해하고, 이를 토대로 자신의 고유한 사업 성공전략과 훌륭한 인생철학을 구축하는 계기가 되기를 바라는 마음입니다.

중국 닝보(宁波)에서 청곡 백점기

孫子兵法
손자병법
원문 읽기

목차

제9장 행군(行軍): 전술 행군

제10장 지형(地形): 주변 환경

제11장 구지(九地): 아홉 가지 상황

계
(計)

비전 전략 수립

1.1 國之大事 국지대사

원문

兵者, 國之大事, 死生之地, 存亡之道,
병자 국지대사 사생지지 존망지도

不可不察也。
불가불찰야

兵	군사 **병**	者	놈 **자**	國	나라 **국**
之	갈 **지**	大	큰 **대**	事	일 **사**
死	죽을 **사**	生	날 **생**	之	갈 **지**
地	땅 **지**	存	있을 **존**	亡	망할 **망**
之	갈 **지**	道	길 **도**	不	아닐 **불**
可	옳을 **가**	不	아닐 **불**	察	살필 **찰**
也	**야**(어조사)				

의역

어떤 비전 전략(계책, 計策)을 세우느냐는 조직이나 국가의 성공과 실패, 생(生)과 사(死) 그리고 생존과 멸망을 가르는 중대사입니다. 그러므로 훌륭한 비전 전략을 세우기 위한 연구개발을 결코 소홀히 해서는 안 될 것입니다.

1.2 經之五事 경지오사

원문

故經之以五事, 校之以計而索其情: 一曰道,
고 경 지 이 오 사 교 지 이 계 이 색 기 정 일 왈 도

二曰天, 三曰地, 四曰將, 五曰法。道者,
이 왈 천 삼 왈 지 사 왈 장 오 왈 법 도 자

令民與上同意也, 故可以與之死, 可以與之生,
영 민 여 상 동 의 야 고 가 이 여 지 사 가 이 여 지 생

而不畏危。天者, 陰陽、寒暑、時制也。地者,
이 불 외 위 천 자 음 양 한 서 시 제 야 지 자

遠近、險易、廣狹、死生也。將者, 智、信、仁、
원 근 험 이 광 협 사 생 야 장 자 지 신 인

勇、嚴也。法者, 曲制、官道、主用也。
용 엄 야 법 자 곡 제 관 도 주 용 야

凡此五者, 將莫不聞, 知之者勝, 不知之者不勝。
범 차 오 자 장 막 불 문 지 지 자 승 부 지 지 자 불 승

故校之以計而索其情。曰: 主孰有道? 將孰有能?
고 교 지 이 계 이 색 기 정 왈 주 숙 유 도 장 숙 유 능

天地孰得? 法令孰行? 兵衆孰强? 士卒孰練?
천 지 숙 득 법 령 숙 행 병 중 숙 강 사 졸 숙 련

賞罰孰明? 吾以此勝負矣。
상 벌 숙 명 오 이 차 승 부 의

故	연고 **고**	經	날 **경**	之	갈 **지**
以	써 **이**	五	다섯 **오**	事	일 **사**
校	학교 **교**	之	갈 **지**	以	써 **이**
計	꾀 **계**	而	말 이을 **이**	索	찾을 **색**
其	그 **기**	情	뜻 **정**	一	한 **일**
曰	가로 **왈**	道	길 **도**	二	두 **이**
曰	가로 **왈**	天	하늘 **천**	三	석 **삼**
曰	가로 **왈**	地	땅 **지**	四	넉 **사**
曰	가로 **왈**	將	장수 **장**	五	다섯 **오**
曰	가로 **왈**	法	법 **법**	道	길 **도**
者	놈 **자**	令	하여금 **령**	民	백성 **민**
與	줄 **여**	上	위 **상**	同	한가지 **동**
意	뜻 **의**	也	**야**(어조사)	故	연고 **고**
可	옳을 **가**	以	써 **이**	與	줄 **여**
之	갈 **지**	死	죽을 **사**	可	옳을 **가**
以	써 **이**	與	줄 **여**	之	갈 **지**
生	날 **생**	而	말 이을 **이**	不	아닐 **불**
畏	두려워할 **외**	危	위태할 **위**	天	하늘 **천**
者	놈 **자**	陰	그늘 **음**	陽	볕 **양**
寒	찰 **한**	暑	더울 **서**	時	때 **시**
制	억제할 **제**	也	**야**(어조사)	地	땅 **지**
者	놈 **자**	遠	멀 **원**	近	가까울 **근**
險	험할 **험**	易	쉬울 **이**	廣	넓을 **광**
狹	좁을 **협**	死	죽을 **사**	生	날 **생**
也	**야**(어조사)	將	장수 **장**	者	놈 **자**
智	슬기 **지**	信	믿을 **신**	仁	어질 **인**
勇	날랠 **용**	嚴	엄할 **엄**	也	**야**(어조사)
法	법 **법**	者	놈 **자**	曲	굽을 **곡**
制	억제할 **제**	官	벼슬 **관**	道	길 **도**
主	주인 **주**	用	쓸 **용**	也	**야**(어조사)
凡	무릇 **범**	此	이 **차**	五	다섯 **오**

者	놈 **자**	將	장수 **장**	莫	없을 **막**
不	아닐 **불**	聞	들을 **문**	知	알 **지**
之	갈 **지**	者	놈 **자**	勝	이길 **승**
不	아닐 **불**	知	알 **지**	之	갈 **지**
者	놈 **자**	不	아닐 **불**	勝	이길 **승**
故	연고 **고**	校	학교 **교**	之	갈 **지**
以	써 **이**	計	꾀 **계**	而	말 이을 **이**
索	찾을 **색**	其	그 **기**	情	뜻 **정**
曰	가로 **왈**	主	주인 **주**	孰	누구 **숙**
有	있을 **유**	道	길 **도**	將	장수 **장**
孰	누구 **숙**	有	있을 **유**	能	능할 **능**
天	하늘 **천**	地	땅 **지**	孰	누구 **숙**
得	얻을 **득**	法	법 **법**	令	하여금 **령**
孰	누구 **숙**	行	갈 **행**	兵	군사 **병**
衆	무리 **중**	孰	누구 **숙**	强	굳셀 **강**
士	일할 **사**	卒	군사 **졸**	孰	누구 **숙**
練	익힐 **련**	賞	상줄 **상**	罰	벌할 **벌**
孰	누구 **숙**	明	밝을 **명**	吾	나 **오**
以	써 **이**	此	이 **차**	勝	이길 **승**
負	질 **부**	矣	**의**(어조사)		

의역

최고의 비전 전략은 다섯 가지의 중요한 요소에 의해 좌우됩니다. 이는 전장에서 유리한 조건을 얻는 데 결정적인 역할을 하므로 심사숙고하여 준비해야 합니다. 그 다섯 가지 요소는 (1) 도덕률(Moral Law), (2) 하늘(Heaven), (3) 땅(Earth), (4) 장수(Commander), (5) 방법(Method)과 규율(Discipline)입니다.

도덕률은 구성원이 어떠한 위험도 두려워하지 않고 어떠한 어려운 생활 여건에도 굴하지 않고 장수를 신뢰하고 따르게 만드는 근원입니다. 하늘은 밤과 낮, 추움과 더움, 시간과 계절을 뜻합니다. 땅은 멂과 가까움, 위험과 안전, 넓음과 좁음, 삶과 죽음을 뜻합니다. 장수는 지혜, 믿음, 어짊, 용기, 엄격함을 뜻합니다. 방법과 규율은 조직의 제도, 관리 행정, 경영을 뜻합니다.

모든 장수는 이들 다섯 가지 요소에 충분히 익숙해야 합니다. 이들 다섯 가지 요소를 잘 아는 자는 승리할 것이요, 잘 모르는 자는 패배할 것입니다. 그러므로 전장에서 유리한 조건을 얻을 수 있도록 심사숙고하여 최고의 비전 전략을 세워야 합니다.

비전 전략 수립에는 상대 비교기법을 적용할 수 있습니다. (1) 어느 쪽의 장수가 도덕률을 더 잘 지키는가? (2) 어느 쪽 장수의 역량이 더 탁월한가? (3) 어느 쪽이 하늘과 땅에서 얻어지는 이점을 더 많이 가지고 있는가? (4) 어느 쪽의 훈련이 더 잘 행해지고 있는가? (5) 어느 쪽이 더 잘 무장되어 있는가? (6) 어느 쪽이 더 잘 훈련되어 있는가? (7) 어느 쪽이 보상과 징계를 더 공정하고 일관되게 적용하고 있는가? 이들 일곱 가지를 비교함으로써 승리와 패배를 예측할 수 있습니다.

1.3 將聽吾計 장청오계

원문

將聽吾計, 用之必勝, 留之; 將不聽吾計,
장 청 오 계　용 지 필 승　유 지　장 불 청 오 계

用之必敗, 去之。
용 지 필 패　거 지

將	장수 **장**	聽	들을 **청**	吾	나 **오**
計	꾀 **계**	用	쓸 **용**	之	갈 **지**
必	반드시 **필**	勝	이길 **승**	留	머무를 **유**
之	갈 **지**	將	장수 **장**	不	아닐 **불**
聽	들을 **청**	吾	나 **오**	計	꾀 **계**
用	쓸 **용**	之	갈 **지**	必	반드시 **필**
敗	패할 **패**	去	갈 **거**	之	갈 **지**

의역

내 말을 귀담아듣고 따르는 장수는 반드시 승리할 것입니다. 그러므로 그 직을 계속 유지시켜야 합니다! 내 말을 귀담아듣지 않고 따르지 않는 장수는 반드시 패배할 것입니다. 그러므로 하루 빨리 그 직에서 쫓아내야 합니다!

1.4 因利制權 인리제권

원문

計利以聽，乃爲之勢，以佐其外。勢者，
계리이청 내위지세 이좌기외 세자

因利而制權也。
인리이제권야

計	꾀 **계**	利	이할 **리**	以	써 **이**
聽	들을 **청**	乃	이에 **내**	爲	할 **위**
之	갈 **지**	勢	형세 **세**	以	써 **이**
佐	도울 **좌**	其	그 **기**	外	바깥 **외**
勢	형세 **세**	者	놈 **자**	因	인할 **인**
利	이할 **리**	而	말 이을 **이**	制	억제할 **제**
權	권세 **권**	也	**야**(어조사)		

의역

비전 전략(계책)을 수립함에 있어 내가 제시하는 계책을 귀담아듣는다면 일상적인 상황에서뿐 아니라 이를 벗어나는 비상 상황에서도 도움을 받을 것입니다. 자신에게 유리한 상황을 만들고 나면 자연스럽게 승리할 수 있는 여건을 마련할 수 있게 됩니다.

1.5 兵者詭道 병자궤도

원문

兵者, 詭道也。故能而示之不能,
병자 궤도야 고능이시지불능

用而示之不用, 近而示之遠, 遠而示之近。
용이시지불용 근이시지원 원이시지근

利而誘之, 亂而取之, 實而備之, 强而避之,
이이유지 난이취지 실이비지 강이피지

怒而撓之, 卑而驕之, 佚而勞之, 親而離之。
노이효지 비이교지 일이로지 친이리지

攻其無備, 出其不意。此兵家之勝, 不可先傳也。
공기무비 출기불의 차병가지승 불가선전야

兵	군사 **병**	者	놈 **자**	詭	책(망)할 **궤**
道	길 **도**	也	**야**(어조사)	故	연고 **고**
能	능할 **능**	而	말 이을 **이**	示	보일 **시**
之	갈 **지**	不	아닐 **불**	能	능할 **능**
用	쓸 **용**	而	말 이을 **이**	示	보일 **시**
之	갈 **지**	不	아닐 **불**	用	쓸 **용**
近	가까울 **근**	而	말 이을 **이**	示	보일 **시**
之	갈 **지**	遠	멀 **원**	遠	멀 **원**
而	말 이을 **이**	示	보일 **시**	之	갈 **지**

近	가까울 **근**	利	이할 **리**	而	말 이을 **이**
誘	꾈 **유**	之	갈 **지**	亂	어지러울 **난**
而	말 이을 **이**	取	가질 **취**	之	갈 **지**
實	열매 **실**	而	말 이을 **이**	備	갖출 **비**
之	갈 **지**	强	굳셀 **강**	而	말 이을 **이**
避	피할 **피**	之	갈 **지**	怒	성낼 **노**
而	말 이을 **이**	憢	두려워할 **효**	之	갈 **지**
卑	낮을 **비**	而	말 이을 **이**	驕	교만할 **교**
之	갈 **지**	佚	편안할 **일**	而	말 이을 **이**
勞	일할 **로**	之	갈 **지**	親	친할 **친**
而	말 이을 **이**	離	떠날 **리**	之	갈 **지**
攻	칠 **공**	其	그 **기**	無	없을 **무**
備	갖출 **비**	出	날 **출**	其	그 **기**
不	아닐 **불**	意	뜻 **의**	此	이 **차**
兵	군사 **병**	家	집 **가**	之	갈 **지**
勝	이길 **승**	不	아닐 **불**	可	옳을 **가**
先	먼저 **선**	傳	전할 **전**	也	**야**(어조사)

의역

전쟁에서 모든 전술 전략은 적을 기만하는 계책에 기반을 두고 있습니다. 공격을 할 수 있을 때 공격을 할 수 없는 것처럼 보여야 합니다. 행동에 옮기려고 할 때 행동에 옮기지 않는 것처럼 보여야 합니다. 가까이 접근해 있을 때 상대방에게는 멀리 떨어져 있는 것처럼 보여야 합니다. 멀리 있을 때는 가까이 있는 것처럼 보여야 합니다.

상대방을 유인하기 위해 미끼를 던져야 합니다. 상대방이 매우 강하다면 피해야 합니다. 상대방이 화를 잘 내는 성품이라면 계속 짜증을 나게 만들어야 합니다. 상대방이 소심하고 조심스러운 성격이라면 오만한 생각이 들도록 만들어야 합니다. 상대방이 휴식을 취하고 있다면 쉬지 못 하게 만들어야 합니다. 상대방이 단결해 있다면 이간질을 해서 서로 다투게 만들어야 합니다.

상대방이 준비가 안 되어 있을 때 공격해야 합니다. 상대방이 예상하고 있지 않을 때 허를 찔러 행동을 개시해야 합니다. 이것이 승리를 위한 기본 전략이며, 작전을 개시하기 전에 반드시 염두에 두어야 할 원칙입니다.

1.6 廟算勝者 묘산승자

원문

夫未戰而廟算勝者, 得算多也; 未戰而廟算不勝者,
부 미 전 이 묘 산 승 자　득 산 다 야　미 전 이 묘 산 부 승 자
得算少也。多算勝, 少算不勝, 而況于無算乎!
득 산 소 야　다 산 승　소 산 부 승　이 황 우 무 산 호
吾以此觀之, 勝負見矣。
오 이 차 관 지　승 부 견 의

夫	지아비 **부**	未	아닐 **미**	戰	싸움 **전**
而	말 이을 **이**	廟	사당 **묘**	算	셈 **산**
勝	이길 **승**	者	놈 **자**	得	얻을 **득**
算	셈 **산**	多	많을 **다**	也	**야**(어조사)
未	아닐 **미**	戰	싸움 **전**	而	말 이을 **이**
廟	사당 **묘**	算	셈 **산**	不	아닐 **부**
勝	이길 **승**	者	놈 **자**	得	얻을 **득**
算	셈 **산**	少	적을 **소**	也	**야**(어조사)
多	많을 **다**	算	셈 **산**	勝	이길 **승**
少	적을 **소**	算	셈 **산**	不	아닐 **부**
勝	이길 **승**	而	말 이을 **이**	況	하물며 **황**
于	**우**(어조사)	無	없을 **무**	算	셈 **산**
乎	**호**(어조사)	吾	나 **오**	以	써 **이**
此	이 **차**	觀	볼 **관**	之	갈 **지**

勝	이길 **승**	負	질 **부**	見	볼 **견**
矣	**의**(어조사)				

의역

전투가 벌어질 곳을 대상으로 다양한 시나리오를 고려한 풍부한 시뮬레이션을 사전에 수행한 자가 승자가 됩니다. 패자는 사전에 시뮬레이션을 별로 수행하지 않습니다. 그러므로 승리하기 위해서는 다양한 시나리오를 고려하여 풍부한 시뮬레이션과 사례연구(Case Study)를 수행해야 합니다. 이것이 부족하면 패배하게 됩니다. 그럼에도 사전 시뮬레이션을 하지 않는단 말인가요! 이것만을 보고도 승리할지 패배할지를 예측할 수 있습니다.

孫子兵法

손 자 병 법

원문 읽기

작전
(作戰)

전쟁 수행

2.1 用兵之法 용병지법 ❶

원문

凡用兵之法, 馳車千駒, 革車千乘, 帶甲十萬,
범 용 병 지 법 치 차 천 구 혁 차 천 승 대 갑 십 만

千里饋糧, 則內外之費, 賓客之用, 膠漆之材,
천 리 궤 양 칙 내 외 지 비 빈 객 지 용 교 칠 지 재

車甲之奉, 日費千金, 然後十萬之師擧矣。
차 갑 지 봉 일 비 천 금 연 후 십 만 지 사 거 의

凡	무릇 **범**	用	쓸 **용**	兵	군사 **병**
之	갈 **지**	法	법 **법**	馳	달릴 **치**
車	수레 **차**	千	일천 **천**	駒	망아지 **구**
革	가죽 **혁**	車	수레 **차**	千	일천 **천**
乘	탈 **승**	帶	띠 **대**	甲	갑옷 **갑**
十	열 **십**	萬	일만 **만**	千	일천 **천**
里	거리 **리**	饋	먹일 **궤**	糧	양식 **량**
則	법칙 **칙**	內	안 **내**	外	밖 **외**
之	갈 **지**	費	쓸 **비**	賓	손 **빈**
客	손 **객**	之	갈 **지**	用	쓸 **용**
膠	아교 **교**	漆	옻 **칠**	之	갈 **지**
材	재목 **재**	車	수레 **차**	甲	갑옷 **갑**
之	갈 **지**	奉	도울 **봉**	日	해 **일**
費	쓸 **비**	千	일천 **천**	金	쇠 **금**

然	그러할 **연**	後	뒤 **후**	十	열 **십**
萬	일만 **만**	之	갈 **지**	師	잘 훈련된 군사 **사**
擧	들 **거**	矣	**의**(어조사)		

의역

무릇 전쟁을 승리로 이끌기 위해서는 철저한 사전 준비와 충분한 자금을 확보해야 합니다. 1천 개의 빠른 전차와 갑옷으로 무장한 10만 명의 병사를 실어나를 1천 개의 튼튼한 가죽 수레, 1천 리에 이르는 군량, 귀빈 접대와 장비 수리 그리고 예비로 준비해야 할 수레와 갑옷에 소요되는 비용을 포함하여 안팎에서 쓸 충분한 자금을 확보해야 하며, 그 비용은 하루에 총 1천 금에 이르게 됩니다. 이렇게 충분한 준비와 자금을 확보하고 나서 비로소 십만 대군을 일으킬 수 있습니다.

2.2 用兵之法 용병지법 ❷

원문

其用戰也勝，久則鈍兵挫銳，攻城則力屈，
기 용 전 야 승　구 칙 둔 병 좌 예　공 성 칙 력 굴

久暴師則國用不足。夫鈍兵挫銳、屈力殫貨，
구 폭 사 칙 국 용 부 족　부 둔 병 좌 예　굴 력 탄 화

則諸侯乘其弊而起，雖有智者，不能善其後矣。
칙 제 후 승 기 폐 이 기　수 유 지 자　불 능 선 기 후 의

故兵聞拙速，未睹巧之久也。夫兵久而國利者，
고 병 문 졸 속　미 도 교 지 구 야　부 병 구 이 국 리 자

未之有也。故不盡知用兵之害者，
미 지 유 야　고 부 진 지 용 병 지 해 자

則不能盡知用兵之利也。
칙 불 능 진 지 용 병 지 리 야

其	그 **기**	用	쓸 **용**	戰	싸울 **전**
也	**야**(어조사)	勝	이길 **승**	久	오랠 **구**
則	법칙 **칙**	鈍	무딜 **둔**	兵	군사 **병**
挫	꺾을 **좌**	銳	날카로울 **예**	攻	칠 **공**
城	성 **성**	則	법칙 **칙**	力	힘 **력**
屈	굽을 **굴**	久	오랠 **구**	暴	사나울 **폭**
師	잘 훈련된 군사 **사**	則	법칙 **칙**	國	나라 **국**

用	쓸 **용**	不	아닐 **부**	足	달릴 **족**
夫	지아비 **부**	鈍	무딜 **둔**	兵	군사 **병**
挫	꺾을 **좌**	銳	날카로울 **예**	屈	굽을 **굴**
力	힘 **력**	殫	다할 **탄**	貨	재화 **화**
則	법칙 **칙**	諸	모든 **제**	侯	임금 **후**
乘	탈 **승**	其	그 **기**	弊	해질 **폐**
而	말 이을 **이**	起	일어날 **기**	雖	비록 **수**
有	있을 **유**	智	슬기 **지**	者	놈 **자**
不	아닐 **불**	能	능할 **능**	善	착할 **선**
其	그 **기**	後	뒤 **후**	矣	**의**(어조사)
故	연고 **고**	兵	군사 **병**	聞	들을 **문**
拙	졸할 **졸**	速	빠를 **속**	未	아직 **미**
睹	볼 **도**	巧	공교할 **교**	之	갈 **지**
久	오랠 **구**	也	**야**(어조사)	夫	지아비 **부**
兵	군사 **병**	久	오랠 **구**	而	말 이을 **이**
國	나라 **국**	利	이할 **리**	者	놈 **자**
未	아직 **미**	之	갈 **지**	有	있을 **유**
也	**야**(어조사)	故	연고 **고**	不	아닐 **부**
盡	다될 **진**	知	알 **지**	用	쓸 **용**
兵	군사 **병**	之	갈 **지**	害	해칠 **해**
者	놈 **자**	則	법칙 **칙**	不	아닐 **불**
能	능할 **능**	盡	다될 **진**	知	알 **지**
用	쓸 **용**	兵	군사 **병**	之	갈 **지**
利	이할 **리**	也	**야**(어조사)		

의역

실제 전투에 들어가서 전쟁 기간이 길어지면 군사의 병기(兵器)도 무뎌지고 사기도 떨어질 것입니다. 군사가 도심에서 적에게 포위되면 힘도 약화됩니다. 전쟁 기간이 더욱 길어지면 자금도 바닥

이 납니다. 무기가 무뎌지고, 사기가 저하하고, 힘이 약화되고, 자금이 고갈되고 나면 적은 이 같은 극도의 약점을 간파하고 이용할 것입니다. 그러나 지혜로운 장수는 이런 결과를 초래하지 않도록 예방할 수 있어야 합니다.

전쟁에서 서두름도 어리석은 짓이지만 지체하는 것도 현명한 짓이 아닙니다. 전쟁을 장기간에 걸쳐 치르면서 이익을 본 사례가 없습니다. 오직 한 가지 예외적인 사례가 있다면 전쟁 수행의 유익한 길을 꿰뚫고 전쟁의 악랄함을 잘 알고 있을 때뿐입니다.

2.3 用兵之法 용병지법 ❸

원문

善用兵者, 役不再籍, 糧不三載, 取用于國,
선 용 병 자　역 부 재 적　양 불 삼 재　취 용 우 국

因糧于敵, 故軍食可足也。
인 량 우 적　고 군 식 가 족 야

善	착할 **선**	用	쓸 **용**	兵	군사 **병**
者	놈 **자**	役	부릴 **역**	不	아닐 **부**
再	두 **재**	籍	서적 **적**	糧	양식 **량**
不	아닐 **불**	三	석 **삼**	載	실을 **재**
取	취할 **취**	用	쓸 **용**	于	**우**(어조사)
國	나라 **국**	因	인할 **인**	糧	양식 **량**
于	**우**(어조사)	敵	원수 **적**	故	연고 **고**
軍	군사 **군**	食	밥 **식**	可	옳을 **가**
足	달릴 **족**	也	**야**(어조사)		

의역

숙련된 군사는 두 번 소집되지 않으며, 제공된 마차에 두 번 이상 탑승하지 않습니다. 단번에 이루어집니다. 전쟁 병기(兵器)를 집에 가지고 와야 하며, 평소에도 적을 찾는 노력을 해야 합니다. 그리하여 군대는 필요 충분한 능력과 식량을 갖게 될 것입니다.

2.4 國之財力 국지재력

원문

國之貧于師者遠輸， 遠輸則百姓貧；
국 지 빈 우 사 자 원 수 원 수 칙 백 성 빈

近于師者貴賣， 貴賣則百姓財竭，
근 우 사 자 귀 매 귀 매 칙 백 성 재 갈

財竭則急于丘役。力屈財殫，中原內虛于家。
재 갈 칙 급 우 구 역 역 굴 재 탄 중 원 내 허 우 가

百姓之費，十去其七；公家之費，破車罷馬，
백 성 지 비 십 거 기 칠 공 가 지 비 파 차 파 마

甲冑矢弩，戟楯蔽櫓，丘牛大車，十去其六。
갑 위 시 노 재 순 폐 로 구 우 대 차 십 거 기 육

國	나라 **국**	之	갈 **지**	貧	가난할 **빈**
于	**우**(어조사)	師	잘 훈련된 군사 **사**	者	놈 **자**
遠	멀 **원**	輸	나를 **수**	遠	멀 **원**
輸	나를 **수**	則	법칙 **칙**	百	일백 **백**
姓	성 **성**	貧	가난할 **빈**	近	가까울 **근**
于	**우**(어조사)	師	잘 훈련된 군사 **사**	者	놈 **자**
貴	귀할 **귀**	賣	팔 **매**	貴	귀할 **귀**
賣	팔 **매**	則	법칙 **칙**	百	일백 **백**

姓	성 **성**	財	재물 **재**	竭	다할 **갈**
財	재물 **재**	竭	다할 **갈**	則	법칙 **칙**
急	급할 **급**	于	**우**(어조사)	丘	언덕 **구**
役	부릴 **역**	力	힘 **력**	屈	굽을 **굴**
財	재물 **재**	殫	다할 **탄**	中	가운데 **중**
原	근원 **원**	內	안 **내**	虛	빌 **허**
于	**우**(어조사)	家	집 **가**	百	일백 **백**
姓	성 **성**	之	갈 **지**	費	쓸 **비**
十	열 **십**	去	갈 **거**	其	그 **기**
七	일곱 **칠**	公	공적 **공**	家	집 **가**
之	갈 **지**	費	쓸 **비**	破	깨뜨릴 **파**
車	수레 **차**	罷	방면할 **파**	馬	말 **마**
甲	갑옷 **갑**	冑	밥통 **위**	矢	화살 **시**
弩	쇠뇌 **노**	載	실을 **재**	楯	난간 **순**
蔽	덮을 **폐**	櫓	방패 **로**	丘	언덕 **구**
牛	소 **우**	大	큰 **대**	車	수레 **차**
十	열 **십**	去	갈 **거**	其	그 **기**
六	여섯 **육**				

의역

국가 재정의 부족은 군대를 멀리 파견하는 데 어려움을 초래합니다. 군대를 멀리 파견하기 위해 백성들은 더 빈곤에 빠집니다. 다른 한편으로 군대를 가까이 주둔시키면 물가가 올라갑니다. 고물가는 백성들의 경제 상황을 나쁘게 만듭니다.

백성들의 경제 상황이 나빠지면 무거운 세금으로 고통을 겪게 됩니다. 경제와 군사력이 약화됨에 따라 본국의 백성들은 헐벗게 되고, 그들의 수입 7할을 전쟁에 소진하게 될 것입니다. 동시에 국가는 총수입의 6할을 부서진 전차, 쇠약해진 말 그리고 해진 갑옷, 활과 화살, 창과 방패, 방호복, 우마차의 유지 보수에 소진하고 말 것입니다.

2.5 務食于敵 무식우적

원문

故智將務食于敵, 食敵一鐘, 當吾二十鐘;
고 지 장 무 식 우 적 　식 적 일 종 　당 오 이 십 종

萁秆一石, 當吾二十石。
기 간 일 석 　당 오 이 십 석

故	연고 **고**	智	슬기 **지**	將	장수 **장**
務	일 **무**	食	밥 **식**	于	**우**(어조사)
敵	원수 **적**	食	밥 **식**	敵	원수 **적**
一	한 **일**	鐘	종 **종**	當	당할 **당**
吾	나 **오**	二	두 **이**	十	열 **십**
鐘	종 **종**	萁	키 **기**	秆	볏짚 **간**
一	한 **일**	石	돌 **석**	當	당할 **당**
吾	나 **오**	二	두 **이**	十	열 **십**
石	돌 **석**				

의역

그러므로 지혜로운 장수는 적이 출현할 만한 곳을 만들어 둡니다. 적군에게 제공되는 한 개의 수레길은 아군에게는 스무 개의 수레길과 동등한 가치를 가집니다. 마찬가지로 적군에게 한 줌의 여물은 아군에게는 스무 배의 가치를 가집니다.

2.6 用兵之法 용병지법 ❹

원문

故殺敵者, 怒也; 取敵之利者, 貨也。故車戰,
고 살 적 자 노 야 취 적 지 리 자 화 야 고 차 전
得車十乘己上, 賞其先得者。而更其旌旗,
득 차 십 승 기 상 상 기 선 득 자 이 경 기 정 기
車雜而乘之, 卒善而養之, 是謂勝敵而益强。
차 잡 이 승 지 졸 선 이 양 지 시 위 승 적 이 익 강

故	연고 **고**	殺	죽일 **살**	敵	원수 **적**
者	놈 **자**	怒	성낼 **노**	也	**야**(어조사)
取	취할 **취**	敵	원수 **적**	之	갈 **지**
利	이할 **리**	者	놈 **자**	貨	재화 **화**
也	**야**(어조사)	故	연고 **고**	車	수레 **차**
戰	싸울 **전**	得	얻을 **득**	車	수레 **차**
十	열 **십**	乘	탈 **승**	己	자기 **기**
上	위 **상**	賞	상줄 **상**	其	그 **기**
先	먼저 **선**	得	얻을 **득**	者	놈 **자**
而	말 이을 **이**	更	고칠 **경**	其	그 **기**
旌	기 **정**	旗	기 **기**	車	수레 **차**
雜	섞일 **잡**	而	말 이을 **이**	乘	탈 **승**
之	갈 **지**	卒	군사 **졸**	善	착할 **선**
而	말 이을 **이**	養	기를 **양**	之	갈 **지**

是	옳을 **시**	謂	이를 **위**	勝	이길 **승**
敵	원수 **적**	而	말 이을 **이**	益	더할 **익**
强	굳셀 **강**				

의역

적을 죽이기 위해서는 아군의 병졸들이 적에게 적개심을 느끼게 만들어야 하고, 적군의 군수품을 빼앗기 위해서는 푸짐한 포상을 해주어야 합니다. 열 대 이상의 전차로 싸우는 전투에서는 맨 먼저 적의 전차를 빼앗는 군사에게 포상을 주어야 합니다. 전차들이 서로 뒤섞여서 적군의 깃발을 빼앗고 그 자리에 아군의 깃발을 꽂아야 합니다. 붙잡힌 포로는 친절하고 정중하게 다루어야 합니다. 이는 정복한 적을 활용하여 아군의 힘을 더욱 강화시키는 길입니다.

2.7 知兵之將 지병지장

원문

故兵貴勝，不貴久。故知兵之將，生民之司命，
고 병 귀 승　불 귀 구　고 지 병 지 장　생 민 지 사 명

國家安危之主也。
국 가 안 위 지 주 야

故	연고 **고**	兵	군사 **병**	貴	귀할 **귀**
勝	이길 **승**	不	아닐 **불**	貴	귀할 **귀**
久	오랠 **구**	故	연고 **고**	知	알 **지**
兵	군사 **병**	之	갈 **지**	將	장수 **장**
生	날 **생**	民	백성 **민**	之	갈 **지**
司	맡을 **사**	命	목숨 **명**	國	나라 **국**
家	집 **가**	安	편안할 **안**	危	위태할 **위**
之	갈 **지**	主	주인 **주**	也	**야**(어조사)

의역

그러므로 전쟁에서는 최단기간에 승리를 쟁취해야 합니다. 전쟁을 어떻게 치를지 잘 아는 장수는 백성들의 운명을 결정짓게 됩니다. 국가 안위가 여기에 달려 있기 때문입니다.

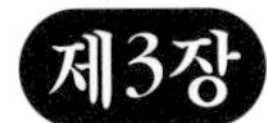

모공

(謀攻)

전략에 의한 공격

3.1 全國爲上 전국위상

원문

凡用兵之法, 全國爲上, 破國次之; 全軍爲上,
범 용 병 지 법　전 국 위 상　파 국 차 지　전 군 위 상
破軍次之; 全旅爲上, 破旅次之; 全卒爲上,
파 군 차 지　전 려 위 상　파 려 차 지　전 졸 위 상
破卒次之; 全伍爲上, 破伍次之。是故百戰百勝,
파 졸 차 지　전 오 위 상　파 오 차 지　시 고 백 전 백 승
非善之善者也; 不戰而屈人之兵, 善之善者也。
비 선 지 선 자 야　부 전 이 굴 인 지 병　선 지 선 자 야

凡	무릇 **범**	用	쓸 **용**	兵	군사 **병**
之	갈 **지**	法	법 **법**	全	온전할 **전**
國	나라 **국**	爲	할 **위**	上	위 **상**
破	깨뜨릴 **파**	國	나라 **국**	次	버금 **차**
之	갈 **지**	全	온전할 **전**	軍	군사 **군**
爲	할 **위**	上	위 **상**	破	깨뜨릴 **파**
軍	군사 **군**	次	버금 **차**	之	갈 **지**
全	온전할 **전**	旅	군사 **려**	爲	할 **위**
上	위 **상**	破	깨뜨릴 **파**	旅	군사 **려**
次	버금 **차**	之	갈 **지**	全	온전할 **전**
卒	군사 **졸**	爲	할 **위**	上	위 **상**
破	깨뜨릴 **파**	卒	군사 **졸**	次	버금 **차**

之	갈 **지**	全	온전할 **전**	伍	대오 **오**
爲	할 **위**	上	위 **상**	破	깨뜨릴 **파**
伍	대오 **오**	次	버금 **차**	之	갈 **지**
是	옳을 **시**	故	연고 **고**	百	일백 **백**
戰	싸울 **전**	百	일백 **백**	勝	이길 **승**
非	아닐 **비**	善	착할 **선**	之	갈 **지**
善	착할 **선**	者	놈 **자**	也	**야**(어조사)
不	아닐 **부**	戰	싸울 **전**	而	말 이을 **이**
屈	굽을 **굴**	人	사람 **인**	之	갈 **지**
兵	군사 **병**	善	착할 **선**	之	갈 **지**
善	착할 **선**	者	놈 **자**	也	**야**(어조사)

의역

전쟁에서 최상의 길은 적국을 전혀 파괴하지 않고 온전히 남겨두는 것입니다. 적국을 부수고 파괴하는 것은 좋지 않습니다. 마찬가지로 적국의 군사도 죽이지 않고 사로잡는 것이 더 좋습니다. 그러므로 모든 전쟁에서 싸우고 정복하는 것이 최고가 아닙니다. 싸우지 않고 적국의 저항을 무력화시켜 항복을 받는 것이 최고입니다.

3.2 上兵伐謀 상병벌모

원문

故上兵伐謀，其次伐交，其次伐兵，其下攻城。
고상병벌모 기차벌교 기차벌병 기하공성

攻城之法爲不得已。修櫓轒轀，具器械，
공성지법위부득기 수로분온 구기계

三月而後成；距闉，又三月而後已。
삼월이후성 거인 우삼월이후기

將不勝其忿而蟻附之，殺士三分之一而城不拔者，
장부승기분이의부지 살사삼분지일이성불발자

此攻之災也。
차공지재야

故	연고 **고**	上	위 **상**	兵	군사 **병**
伐	칠 **벌**	謀	꾀할 **모**	其	그 **기**
次	버금 **차**	伐	칠 **벌**	交	사귈 **교**
其	그 **기**	次	버금 **차**	伐	칠 **벌**
兵	군사 **병**	其	그 **기**	下	아래 **하**
攻	칠 **공**	城	성 **성**	攻	칠 **공**
城	성 **성**	之	갈 **지**	法	법 **법**
爲	할 **위**	不	아닐 **부**	得	얻을 **득**
已	자기 **기**	修	닦을 **수**	櫓	방패 **로**

轒	병거(군사용 수레) **분**	轀	와거(누워타는 수레) **온**	具	갖출 **구**
器	그릇 **기**	械	형틀 **계**	三	석 **삼**
月	달 **월**	而	말 이을 **이**	後	뒤 **후**
成	이룰 **성**	距	떨어질 **거**	闉	성곽 문 **인**
又	또 **우**	三	석 **삼**	月	달 **월**
而	말 이을 **이**	後	뒤 **후**	己	자기 **기**
將	장차 **장**	不	아닐 **부**	勝	이길 **승**
其	그 **기**	忿	성낼 **분**	而	말 이을 **이**
蟻	개미 **의**	附	붙을 **부**	之	갈 **지**
殺	죽일 **살**	士	일할 **사**	三	석 **삼**
分	나눌 **분**	之	갈 **지**	一	한 **일**
而	말 이을 **이**	城	성 **성**	不	아닐 **불**
拔	뺄 **발**	者	놈 **자**	此	이 **차**
攻	칠 **공**	之	갈 **지**	災	재앙 **재**
也	**야**(어조사)				

의역

그러므로 최고의 병법은 적군의 계획대로 실행되지 못하도록 막는 것입니다. 그 다음이 적군의 힘이 합쳐지는 것을 막는 것입니다. 그 다음이 적군을 전장에서 제압하는 것입니다. 최악의 병법은 장벽으로 마을을 에워싸서 포위하는 것이며, 가능하다면 이 병법은 피하는 게 좋습니다. 왜냐하면 방패, 이동용 피신설비, 기타 다양한 전쟁 장비를 준비하는 데 석 달은 족히 걸립니다. 언덕에 말뚝을 박고 장벽을 치는 데 다시 석 달이 필요합니다. 이런 장수는 군사들의 짜증을 제어하기도 어려울뿐더러 일개미처럼 죽도록 일하도록 만들어 그들을 괴롭힐 따름입니다. 그 결과 군사의 3할이 죽고 말 것입니다. 이러는 동안에도 마을은 여전히 뺏지 못하고 남아 있을 것입니다. 그리하여 마을을 공격하는 데 재앙적인 효과를 미치게 됩니다.

3.3 屈人非戰 굴인비전

원문

故善用兵者， 屈人之兵而非戰也，
고 선 용 병 자　굴 인 지 병 이 비 전 야

拔人之城而非攻也， 毁人之國而非久也，
발 인 지 성 이 비 공 야　훼 인 지 국 이 비 구 야

必以全爭于天下， 故兵不頓而利可全，
필 이 전 쟁 우 천 하　고 병 부 돈 이 리 가 전

此謀攻之法也。
차 모 공 지 법 야

故	연고 **고**	善	착할 **선**	用	쓸 **용**
兵	군사 **병**	者	놈 **자**	屈	굽을 **굴**
人	사람 **인**	之	갈 **지**	兵	군사 **병**
而	말 이을 **이**	非	아닐 **비**	戰	싸울 **전**
也	**야**(어조사)	拔	뺄 **발**	人	사람 **인**
之	갈 **지**	城	성 **성**	而	말 이을 **이**
非	아닐 **비**	攻	칠 **공**	也	**야**(어조사)
毁	헐 **훼**	人	사람 **인**	之	갈 **지**
國	나라 **국**	而	말 이을 **이**	非	아닐 **비**
久	오랠 **구**	也	**야**(어조사)	必	반드시 **필**
以	써 **이**	全	온전할 **전**	爭	다툴 **쟁**
于	**우**(어조사)	天	하늘 **천**	下	아래 **하**

故	연고 **고**	兵	군사 **병**	不	아닐 **부**
頓	조아릴 **돈**	而	말 이을 **이**	利	이할 **리**
可	옳을 **가**	全	온전할 **전**	此	이 **차**
謀	꾀할 **모**	攻	칠 **공**	之	갈 **지**
法	법 **법**	也	**야**(어조사)		

의역

그러므로 유능한 장수라면 싸우지 않고도 적을 제압할 수 있어야 합니다. 지원군의 도움을 받지 않고도 마을을 빼앗을 수 있어야 합니다. 장기간에 걸쳐 전쟁을 수행하지 않고도 적국을 타도할 수 있어야 합니다. 아군의 피해 없이 천하를 장악하여 승리를 쟁취할 수 있어야 합니다. 이것이 공격을 위한 책략입니다.

3.4 小則能逃 소칙능도

원문

故用兵之法, 十則圍之, 五則攻之, 培則分之,
고 용 병 지 법　십 칙 위 지　오 칙 공 지　배 칙 분 지

敵則能戰之, 少則能逃之, 不若則能避之。
적 칙 능 전 지　소 칙 능 도 지　불 약 칙 능 피 지

故小敵之堅, 大敵之擒也。
고 소 적 지 견　대 적 지 금 야

故	연고 **고**	用	쓸 **용**	兵	군사 **병**
之	갈 **지**	法	법 **법**	十	열 **십**
則	법칙 **칙**	圍	둘레 **위**	之	갈 **지**
五	다섯 **오**	則	법칙 **칙**	攻	칠 **공**
之	갈 **지**	培	북돋울 **배**	則	법칙 **칙**
分	나눌 **분**	之	갈 **지**	敵	원수 **적**
則	법칙 **칙**	能	능할 **능**	戰	싸울 **전**
之	갈 **지**	少	적을 **소**	則	법칙 **칙**
能	능할 **능**	逃	도망할 **도**	之	갈 **지**
不	아닐 **불**	若	같을 **약**	則	법칙 **칙**
能	능할 **능**	避	피할 **피**	之	갈 **지**
故	연고 **고**	小	작을 **소**	敵	원수 **적**
之	갈 **지**	堅	굳을 **견**	大	큰 **대**
敵	원수 **적**	之	갈 **지**	擒	사로잡을 **금**

也	야(어조사)				

의역

전쟁에서 아군의 숫자가 적군의 열 배면 포위를 해야 합니다. 다섯 배면 공격을 해야 합니다. 두 배이면 다양한 전술을 적용하여 적군을 여러 개로 분리시켜야 합니다. 비슷한 숫자라면 적군에 맞서야 합니다. 적군에 비해 숫자가 약간 적다면 싸움을 피해야 합니다. 적군에 비해 압도적으로 적다면 도망쳐야 합니다. 왜냐하면 적은 숫자로 완강하게 싸우더라도 결국에는 대군을 가진 쪽에 잡히고 말 것이기 때문입니다.

3.5 輔周則國 보주칙국

원문

夫將者， 國之輔也。 輔周則國必强，
부 장 자 국 지 보 야 보 주 칙 국 필 강

輔隙則國必弱。
보 극 칙 국 필 약

夫	지아비 **부**	將	장수 **장**	者	놈 **자**
國	나라 **국**	之	갈 **지**	輔	도움 **보**
也	**야**(어조사)	輔	도움 **보**	周	두루 **주**
則	법칙 **칙**	國	나라 **국**	必	반드시 **필**
强	굳셀 **강**	輔	도움 **보**	隙	틈 **극**
則	법칙 **칙**	國	나라 **국**	必	반드시 **필**
弱	약할 **약**				

의역

이제 장수는 나라의 보호자가 되어야 합니다. 모든 영역에서 완벽한 방어가 이루어진다면 그 나라는 강할 것입니다. 그렇지 않고 방어에 틈이 생긴다면 그 나라는 약할 것입니다.

3.6 患軍三者 환군삼자

원문

故君之所以患于軍者三:
고 군 지 소 이 환 우 군 자 삼

不知軍之不可以進而謂之進,
부 지 군 지 불 가 이 진 이 위 지 진

不知軍之不可以退而謂之退, 是謂縻軍;
부 지 군 지 불 가 이 퇴 이 위 지 퇴 시 위 미 군

不知三軍之事而同三軍之政者, 則軍士惑矣;
부 지 삼 군 지 사 이 동 삼 군 지 정 자 칙 군 사 혹 의

不知三軍之權而同三軍之任, 則軍士疑矣。
부 지 삼 군 지 권 이 동 삼 군 지 임 칙 군 사 의 의

三軍既惑且疑, 則諸侯之難至矣,
삼 군 기 혹 차 의 칙 제 후 지 난 지 의

是謂亂軍引勝。
시 위 란 군 인 승

故	연고 **고**	君	임금 **군**	之	갈 **지**
所	바 **소**	以	써 **이**	患	근심 **환**
于	**우**(어조사)	軍	군사 **군**	者	놈 **자**
三	석 **삼**	不	아닐 **부**	知	알 **지**
軍	군사 **군**	之	갈 **지**	不	아닐 **불**

可	옳을 **가**	以	써 **이**	進	나아갈 **진**
而	말 이을 **이**	謂	이를 **위**	之	갈 **지**
進	나아갈 **진**	不	아닐 **부**	知	알 **지**
軍	군사 **군**	之	갈 **지**	不	아닐 **불**
可	옳을 **가**	以	써 **이**	退	물러날 **퇴**
而	말 이을 **이**	謂	이를 **위**	之	갈 **지**
退	물러날 **퇴**	是	옳을 **시**	謂	이를 **위**
縻	고삐 **미**	軍	군사 **군**	不	아닐 **부**
知	알 **지**	三	석 **삼**	軍	군사 **군**
之	갈 **지**	事	일 **사**	而	말 이을 **이**
同	한가지 **동**	三	석 **삼**	軍	군사 **군**
之	갈 **지**	政	정사 **정**	者	놈 **자**
則	법칙 **칙**	軍	군사 **군**	士	일할 **사**
惑	미혹할 **혹**	矣	**의**(어조사)	不	아닐 **부**
知	알 **지**	三	석 **삼**	軍	군사 **군**
之	갈 **지**	權	저울질할 **권**	而	말 이을 **이**
同	한가지 **동**	三	석 **삼**	軍	군사 **군**
之	갈 **지**	任	맡길 **임**	則	법칙 **칙**
軍	군사 **군**	士	일할 **사**	疑	의심할 **의**
矣	**의**(어조사)	三	석 **삼**	軍	군사 **군**
旣	이미 **기**	惑	미혹할 **혹**	且	또 **차**
疑	의심할 **의**	則	법칙 **칙**	諸	모든 **제**
侯	임금 **후**	之	갈 **지**	難	어려울 **난**
至	이를 **지**	矣	**의**(어조사)	是	옳을 **시**
謂	이를 **위**	亂	어지러울 **란**	軍	군사 **군**
引	끌 **인**	勝	이길 **승**		

의역

군주의 잘못으로 아군에게 불행한 상황을 초래할 수 있는 세

가지 경우가 있습니다.

첫째는 진군하거나 철수하지 말아야 할 때 진군하거나 철수하는 것입니다. 이는 전투를 제대로 수행할 수 없게 만드는 행위입니다. 다음은 상황 파악에는 소홀히 하면서 관리 행정에 간섭하는 것입니다. 이는 행정 실무자들을 혼란스럽게 만듭니다. 다음은 상황에 대한 전술의 적응에는 소홀하면서 전술 실무자에게 일일이 간섭하는 것입니다. 이는 전술 실무자들을 혼란스럽게 만듭니다. 조직이 혼란스러워지면 무질서해지고 결국 승리를 포기하는 결과를 초래합니다.

3.7 知勝有五 지승유오

원문

故知勝有五： 知可以戰與不可以戰者勝，
고 지 승 유 오　　지 가 이 전 여 불 가 이 전 자 승

識衆寡之用者勝，上下同欲者勝，以虞待不虞者勝，
식 중 과 지 용 자 승　상 하 동 욕 자 승　이 우 대 불 우 자 승

將能而君不御者勝。此五者，知勝之道也。
장 능 이 군 불 어 자 승　차 오 자　지 승 지 도 야

故	연고 **고**	知	알 **지**	勝	이길 **승**
有	있을 **유**	五	다섯 **오**	知	알 **지**
可	옳을 **가**	以	써 **이**	戰	싸울 **전**
與	줄 **여**	不	아닐 **불**	可	옳을 **가**
以	써 **이**	戰	싸울 **전**	者	놈 **자**
勝	이길 **승**	識	알 **식**	衆	무리 **중**
寡	적을 **과**	之	갈 **지**	用	쓸 **용**
者	놈 **자**	勝	이길 **승**	上	위 **상**
下	아래 **하**	同	한가지 **동**	欲	하고자 할 **욕**
者	놈 **자**	勝	이길 **승**	以	써 **이**
虞	헤아릴 **우**	待	기다릴 **대**	不	아닐 **불**
虞	헤아릴 **우**	者	놈 **자**	勝	이길 **승**
將	장차 **장**	能	능할 **능**	而	말 이을 **이**
君	임금 **군**	不	아닐 **불**	御	어거할 **어**

者	놈 **자**	勝	이길 **승**	此	이 **차**
五	다섯 **오**	者	놈 **자**	知	알 **지**
勝	이길 **승**	之	갈 **지**	道	길 **도**
也	**야**(어조사)				

의역

그러므로 승리를 위한 다섯 가지 필수 요소가 있다는 것을 알아야 합니다. (1) 싸워야 할 때와 싸우지 말아야 할 때를 아는 자가 승리할 것입니다. (2) 우세한 군대와 열세한 군대를 모두 다룰 줄 아는 자가 승리할 것입니다. (3) 지위고하를 막론하고 단합하여 한마음으로 이기고자 하는 쪽이 승리할 것입니다. (4) 사전에 준비를 잘 하여 준비가 안 된 적과 싸우는 쪽이 승리할 것입니다. (5) 군주의 간섭을 받지 않고 군사력을 발휘할 수 있을 때 승리할 것입니다. 이 다섯 가지 필수 요소를 통해 싸움에서 승리할 수 있을지를 예측할 수 있습니다.

3.8 知彼知己 지피지기

원문

故曰: 知彼知己, 百戰不殆; 不知彼而知己,
고 왈 지 피 지 기 백 전 불 태 부 지 피 이 지 기

一勝一負; 不知彼, 不知己, 每戰必殆。
일 승 일 부 부 지 피 부 지 기 매 전 필 태

故	연고 **고**	曰	가로 **왈**	知	알 **지**
彼	저 **피**	知	알 **지**	己	자기 **기**
百	일백 **백**	戰	싸울 **전**	不	아닐 **불**
殆	위태할 **태**	不	아닐 **부**	知	알 **지**
彼	저 **피**	而	말 이을 **이**	知	알 **지**
己	자기 **기**	一	한 **일**	勝	이길 **승**
一	한 **일**	負	질 **부**	不	아닐 **부**
知	알 **지**	彼	저 **피**	不	아닐 **부**
知	알 **지**	己	자기 **기**	每	매양 **매**
戰	싸울 **전**	必	반드시 **필**	殆	위태할 **태**

의역

그러므로 상대방도 알고 자기 자신을 알면 일백 번을 싸우더라도 위태로워지지 않을 것입니다. 만일 자신은 알지만 상대를 모

른다면 비록 승리하더라도 자신도 손실을 입게 될 것입니다. 만일 상대방도 모르고 자신도 모른다면 모든 싸움에서 위태로워지고 말 것입니다.

제4장

형 (形)

전술적 배치

4.1 先不可勝 선불가승

원문

昔之善戰者, 先爲不可勝, 以待敵之可勝。
석 지 선 전 자　선 위 불 가 승　이 대 적 지 가 승

不可勝在己, 可勝在敵。故善戰者, 能爲不可勝,
불 가 승 재 기　가 승 재 적　고 선 전 자　능 위 불 가 승

不能使敵之可勝。故曰: 勝可知而不可爲。
불 능 사 적 지 가 승　고 왈　승 가 지 이 불 가 위

昔	예 **석**	之	갈 **지**	善	착할 **선**
戰	싸울 **전**	者	놈 **자**	先	먼저 **선**
爲	할 **위**	不	아닐 **불**	可	옳을 **가**
勝	이길 **승**	以	써 **이**	待	기다릴 **대**
敵	원수 **적**	之	갈 **지**	可	옳을 **가**
勝	이길 **승**	不	아닐 **불**	可	옳을 **가**
勝	이길 **승**	在	있을 **재**	己	자기 **기**
可	옳을 **가**	勝	이길 **승**	在	있을 **재**
敵	원수 **적**	故	연고 **고**	善	착할 **선**
戰	싸울 **전**	者	놈 **자**	能	능할 **능**
爲	할 **위**	不	아닐 **불**	可	옳을 **가**
勝	이길 **승**	不	아닐 **불**	能	능할 **능**
使	하여금 **사**	敵	원수 **적**	之	갈 **지**
可	옳을 **가**	勝	이길 **승**	故	연고 **고**

曰	가로 **왈**	勝	이길 **승**	可	옳을 **가**
知	알 **지**	而	말 이을 **이**	不	아닐 **불**
可	옳을 **가**	爲	할 **위**		

의역

그러므로 예전의 훌륭한 장수는 패배 가능성을 항상 염두에 두었습니다. 그리고 상대를 제압할 기회를 노리고 기다렸습니다. 아군의 승리를 확고하게 담보하기 위해 상대편을 이길 수 있는 절호의 기회를 오히려 상대편이 제공해 주기를 노리는 것입니다. 훌륭한 장수는 아군의 승리를 담보할 수 있으며, 상대편이 승리하지 못하게 만드는 자입니다. 그러므로 어떻게 상대편을 꺾고 아군을 승리로 이끌지를 알아야 합니다.

4.2 可勝者攻 가승자공

원문

不可勝者，守也；可勝者，攻也。守則不足，
불가승자 수야 가승자 공야 수칙부족

攻則有餘。善守者藏于九地之下，
공칙유여 선수자장우구지지하

善攻者動于九天之上，故能自保而全勝也。
선공자동우구천지상 고능자보이전승야

不	아닐 **불**	可	옳을 **가**	勝	이길 **승**
者	놈 **자**	守	지킬 **수**	也	**야**(어조사)
可	옳을 **가**	勝	이길 **승**	者	놈 **자**
攻	칠 **공**	也	**야**(어조사)	守	지킬 **수**
則	법칙 **칙**	不	아닐 **부**	足	달릴 **족**
攻	칠 **공**	則	법칙 **칙**	有	있을 **유**
餘	남을 **여**	善	착할 **선**	守	지킬 **수**
者	놈 **자**	藏	감출 **장**	于	**우**(어조사)
九	아홉 **구**	地	땅 **지**	之	갈 **지**
下	아래 **하**	善	착할 **선**	攻	칠 **공**
者	놈 **자**	動	움직일 **동**	于	**우**(어조사)
九	아홉 **구**	天	하늘 **천**	之	갈 **지**
上	위 **상**	故	연고 **고**	能	능할 **능**
自	스스로 **자**	保	지킬 **보**	而	말 이을 **이**

全	온전할 **전**	勝	이길 **승**	也	**야**(어조사)

의역

패배를 막기 위한 방위는 수비적 전술을 의미합니다. 상대에게 패배를 안기기 위해서는 공격을 해야 합니다. 수비를 하고 있다는 것은 충분한 힘을 갖추고 있지 않음을 의미합니다. 공격한다는 것은 월등히 강한 힘을 가지고 있다는 것을 의미합니다.

수비에 능한 장수는 군대를 가장 비밀스러운 곳에 잘 숨기는 자입니다. 공격에 능한 장수는 가장 높은 곳에서 적군의 동태를 잘 파악하는 자입니다. 그러므로 승리를 완성하기 위해 자신을 잘 방어할 수 있는 능력도 갖추고 있어야 합니다.

4.3 勝易勝者 승이승자

원문

見勝不過衆人之所知，非善之善者也；
견승불과중인지소지 비선지선자야
戰勝而天下曰善，非善之善者也。
전승이천하왈선 비선지선자야
故擧秋毫不爲多力，見日月不爲明目，
고거추호불위다력 견일월불위명목
聞雷霆不爲聰耳。古之所謂善戰者，
문뢰정불위총이 고지소위선전자
勝于易勝者也。故善戰者之勝也，無智名，
승우이승자야 고선전자지승야 무지명
無勇功，故其戰勝不忒。不忒者，其所措必勝，
무용공 고기전승불특 불특자 기소조필승
勝已敗者也。故善戰者，立于不敗之地，
승기패자야 고선전자 입우불패지지
而不失敵之敗也。是故勝兵先勝而後求戰，
이부실적지패야 시고승병선승이후구전
敗兵先戰而後求勝。善用兵者，修道而保法，
패병선전이후구승 선용병자 수도이보법
故能爲勝敗之政。
고능위승패지정

見	볼 **견**	勝	이길 **승**	不	아닐 **불**
過	지날 **과**	衆	무리 **중**	人	사람 **인**
之	갈 **지**	所	바 **소**	知	알 **지**
非	아닐 **비**	善	착할 **선**	之	갈 **지**
善	착할 **선**	者	놈 **자**	也	**야**(어조사)
戰	싸울 **전**	勝	이길 **승**	而	말 이을 **이**
天	하늘 **천**	下	아래 **하**	曰	가로 **왈**
善	착할 **선**	非	아닐 **비**	善	착할 **선**
之	갈 **지**	善	착할 **선**	者	놈 **자**
也	**야**(어조사)	故	연고 **고**	擧	들 **거**
秋	가을 **추**	毫	터럭 **호**	不	아닐 **불**
爲	할 **위**	多	많을 **다**	力	힘 **력**
見	볼 **견**	日	해 **일**	月	달 **월**
不	아닐 **불**	爲	할 **위**	明	밝을 **명**
目	눈 **목**	聞	들을 **문**	雷	우레 **뢰**
霆	천둥소리 **정**	不	아닐 **불**	爲	할 **위**
聰	귀 밝을 **총**	耳	귀 **이**	古	옛 **고**
之	갈 **지**	所	바 **소**	謂	이를 **위**
善	착할 **선**	戰	싸울 **전**	者	놈 **자**
勝	이길 **승**	于	**우**(어조사)	易	쉬울 **이**
勝	이길 **승**	者	놈 **자**	也	**야**(어조사)
故	연고 **고**	善	착할 **선**	戰	싸울 **전**
者	놈 **자**	之	갈 **지**	勝	이길 **승**
也	**야**(어조사)	無	없을 **무**	智	슬기 **지**
名	이름 **명**	無	없을 **무**	勇	날쌜 **용**
功	공 **공**	故	연고 **고**	其	그 **기**
戰	싸울 **전**	勝	이길 **승**	不	아닐 **불**
忒	변할 **특**	不	아닐 **불**	忒	변할 **특**
者	놈 **자**	其	그 **기**	所	바 **소**
措	둘 **조**	必	반드시 **필**	勝	이길 **승**
勝	이길 **승**	己	자기 **기**	敗	깨뜨릴 **패**

者	놈 **자**	也	**야**(어조사)	故	연고 **고**
善	착할 **선**	戰	싸울 **전**	者	놈 **자**
立	설 **립**	于	**우**(어조사)	不	아닐 **불**
敗	깨뜨릴 **패**	之	갈 **지**	地	땅 **지**
而	말 이을 **이**	不	아닐 **부**	失	잃을 **실**
敵	원수 **적**	之	갈 **지**	敗	깨뜨릴 **패**
也	**야**(어조사)	是	옳을 **시**	故	연고 **고**
勝	이길 **승**	兵	군사 **병**	先	먼저 **선**
勝	이길 **승**	而	말 이을 **이**	後	뒤 **후**
求	구할 **구**	戰	싸울 **전**	敗	깨뜨릴 **패**
兵	군사 **병**	先	먼저 **선**	戰	싸울 **전**
而	말 이을 **이**	後	뒤 **후**	求	구할 **구**
勝	이길 **승**	善	착할 **선**	用	쓸 **용**
兵	군사 **병**	者	놈 **자**	修	닦을 **수**
道	길 **도**	而	말 이을 **이**	保	지킬 **보**
法	법 **법**	故	연고 **고**	能	능할 **능**
爲	할 **위**	勝	이길 **승**	敗	깨뜨릴 **패**
之	갈 **지**	政	정사 **정**		

의역

누구나 예상할 수 있는 승리는 탁월한 것이 아닙니다. 만일 적과 싸워 그들을 정복하고 나서 세상 사람들로부터 단순히 "잘했다"는 말을 듣는 정도의 승리는 탁월함을 보여주는 것이 아닙니다.

새끼 호랑이의 털을 한 가닥 뽑을 수 있다는 것은 힘이 강하다는 징표가 아닙니다. 해와 달을 볼 수 있다는 것은 관찰력이 예리하다는 징표가 아닙니다. 천둥소리를 들을 수 있다는 것은 귀

가 밝다는 징표가 아닙니다. 그런 승리는 지혜로움에 대한 명성도 용기에 대한 칭찬도 얻기 어렵습니다.

영리한 장수는 단순히 이기는 것만이 아니라 쉽게 이기는 자를 말합니다. 아무런 실수없이 이깁니다. 실수를 범하지 않으면 적을 패퇴시켜 승리를 쟁취할 수 있는 확신이 섭니다. 그러므로 유능한 장수는 패배를 불가능하게 만드는 위치에 자신을 놓고, 상대를 패퇴시킬 순간이 오면 이를 놓치지 않습니다. 전장에서 승리한 장수는 승리가 확실할 때만 전투를 시작합니다. 첫 싸움에서는 패배할지 몰라도 결국에 가서는 승리를 찾을 운명이 됩니다. 그러므로 최고의 장수는 도덕률을 배양하고 방법과 규율을 엄격히 준수합니다. 성공을 통제하는 것은 장수의 힘입니다.

4.4 兵法五者 병법오자

원문

兵法：一曰度，二曰量，三曰數，四曰稱，
병법 일왈도 이왈량 삼왈수 사왈칭

五曰勝。地生度，度生量，量生數，數生稱，
오왈승 지생도 도생량 양생수 수생칭

稱生勝。故勝兵若以鎰稱銖，敗兵若以銖稱鎰。
칭생승 고승병약이일칭수 패병약이수칭일

勝者之戰民也，若決積水于千仞之谿者，形也。
승자지전민야 약결적수우천인지계자 형야

兵	군사 **병**	法	법 **법**	一	한 **일**
曰	가로 **왈**	度	법도 **도**	二	두 **이**
曰	가로 **왈**	量	헤아릴 **량**	三	석 **삼**
曰	가로 **왈**	數	셀 **수**	四	넉 **사**
曰	가로 **왈**	稱	일컬을 **칭**	五	다섯 **오**
曰	가로 **왈**	勝	이길 **승**	地	땅 **지**
生	날 **생**	度	법도 **도**	度	법도 **도**
生	날 **생**	量	헤아릴 **량**	量	헤아릴 **량**
生	날 **생**	數	셀 **수**	數	셀 **수**
生	날 **생**	稱	일컬을 **칭**	稱	일컬을 **칭**
生	날 **생**	勝	이길 **승**	故	연고 **고**
勝	이길 **승**	兵	군사 **병**	若	같을 **약**

以	써 **이**	鎰	중량 **일**	稱	일컬을 **칭**
銖	무게 단위 **수**	敗	깨뜨릴 **패**	兵	군사 **병**
若	같을 **약**	以	써 **이**	銖	무게 단위 **수**
稱	일컬을 **칭**	鎰	중량 **일**	勝	이길 **승**
者	놈 **자**	之	갈 **지**	戰	싸울 **전**
民	백성 **민**	也	**야**(어조사)	若	같을 **약**
決	결단할 **결**	積	쌓을 **적**	水	물 **수**
于	**우**(어조사)	千	일천 **천**	仞	길 **인**
之	갈 **지**	谿	시내 **계**	者	놈 **자**
形	모양 **형**	也	**야**(어조사)		

의역

병법(兵法)에서는 (1) 측정(Measurement), (2) 수량 추정(Estimation of Quantity), (3) 계산(Calculation), (4) 기회 균형(Balancing of Chances), (5) 승리(Victory)의 다섯 가지 요소를 다루고 있습니다. 이들 요소는 각각 지형(地形)의 측정, 측정할 수량의 추정, 추정할 수량의 계산, 계산할 기회의 균형 그리고 기회의 균형에 대한 승리를 의미합니다.

패주한 군대와 승리한 군대의 차이는 비교할 수 없을 만큼 큽니다. 정복을 위한 돌진은 마치 억눌린 물이 천 리나 되는 깊은 틈 사이로 파고 들어가는 것과 같은 폭발력을 갖습니다. 이처럼 싸움에서 승리하기 위해서는 공격과 수비의 형세(形勢)를 잘 파악해야 합니다.

孫子兵法
손자병법

원문 읽기

제5장

세
(勢)

기세(氣勢)

5.1 三軍之衆 삼군지중

원문

凡治衆如治寡, 分數是也; 門衆如門寡,
범 치 중 여 치 과 　 분 수 시 야 　 문 중 여 문 과

形名是也; 三軍之衆, 可使畢受敵而無敗者,
형 명 시 야 　 삼 군 지 중 　 가 사 필 수 적 이 무 패 자

奇正是也; 兵之所加, 如以碫投卵者,
기 정 시 야 　 병 지 소 가 　 여 이 단 투 란 자

虛實是也。
허 실 시 야

凡	무릇 **범**	治	다스릴 **치**	衆	무리 **중**
如	같을 **여**	治	다스릴 **치**	寡	적을 **과**
分	나눌 **분**	數	셀 **수**	是	옳을 **시**
也	**야**(어조사)	門	문 **문**	衆	무리 **중**
如	같을 **여**	門	문 **문**	寡	적을 **과**
形	모양 **형**	名	이름 **명**	是	옳을 **시**
也	**야**(어조사)	三	석 **삼**	軍	군사 **군**
之	갈 **지**	衆	무리 **중**	可	옳을 **가**
使	하여금 **사**	畢	마칠 **필**	受	받을 **수**
敵	원수 **적**	而	말 이을 **이**	無	없을 **무**
敗	깨뜨릴 **패**	者	놈 **자**	奇	기이할 **기**
正	바를 **정**	是	옳을 **시**	也	**야**(어조사)

兵	군사 **병**	之	갈 **지**	所	바 **소**
加	더할 **가**	如	같을 **여**	以	써 **이**
碫	숫돌 **단**	投	던질 **투**	卵	알 **란**
者	놈 **자**	虛	빌 **허**	實	열매 **실**
是	옳을 **시**	也	**야**(어조사)		

의역

큰 힘을 제어하는 것은 작은 힘을 제어하는 것과 과정이 동일합니다. 그것은 단지 시스템 조작의 차이일 뿐입니다. 하지만 지휘하에 있는 큰 군대로 적과 싸우는 것은 작은 군대로 적과 싸우는 것과는 다릅니다. 그것은 명령 체계와 이를 도입하는 절차가 다르기 때문입니다.

그러므로 적의 공격을 견뎌내고 흔들리지 않게 하기 위해 군사의 기세(氣勢)를 직간접적으로 최고조(最高調)로 끌어 올려야 합니다. 이렇게 하면 적군에 의해 군대가 받을지도 모르는 약간의 충격은 쉽게 해소할 수 있습니다. 여기서 직접적인 방법을 정(正)이라 정의하고, 간접적인 방법을 기(奇)라고 정의합니다.

5.2 正合奇勝 정합기승

원문

凡戰者，以正合，以奇勝。故善出奇者，
범전자 이정합 이기승 고선출기자
無窮如天地，不竭如江河。終而復始，日月是也。
무궁여천지 불갈여강하 종이복시 일월시야
死而復生，四時是也。聲不過五，五聲之變，
사이복생 사시시야 성불과오 오성지변
不可勝聽也；色不過五，五色之變，
불가승청야 색불과오 오색지변
不可勝觀也；味不過五，五味之變，不可勝嘗也。
불가승관야 미불과오 오미지변 불가승상야
戰勢不過奇正，奇正之變，不可勝窮也。
전세불과기정 기정지변 불가승궁야
奇正相生，如循環之無端，孰能窮之?
기정상생 여순환지무단 숙능궁지

凡	무릇 **범**	戰	싸울 **전**	者	놈 **자**
以	써 **이**	正	바를 **정**	合	합할 **합**
以	써 **이**	奇	기이할 **기**	勝	이길 **승**
故	연고 **고**	善	착할 **선**	出	날 **출**
奇	기이할 **기**	者	놈 **자**	無	없을 **무**

窮	집 **궁**	如	같을 **여**	天	하늘 **천**
地	땅 **지**	不	아닐 **불**	竭	다할 **갈**
如	같을 **여**	江	강 **강**	河	강 **하**
終	끝날 **종**	而	말 이을 **이**	復	돌아올 **복**
始	처음 **시**	日	해 **일**	月	달 **월**
是	옳을 **시**	也	**야**(어조사)	死	죽을 **사**
而	말 이을 **이**	復	돌아올 **복**	生	날 **생**
四	넉 **사**	時	때 **시**	是	옳을 **시**
也	**야**(어조사)	聲	소리 **성**	不	아닐 **불**
過	지날 **과**	五	다섯 **오**	五	다섯 **오**
聲	소리 **성**	之	갈 **지**	變	변할 **변**
不	아닐 **불**	可	옳을 **가**	勝	이길 **승**
聽	들을 **청**	也	**야**(어조사)	色	빛 **색**
不	아닐 **불**	過	지날 **과**	五	다섯 **오**
五	다섯 **오**	色	빛 **색**	之	갈 **지**
變	변할 **변**	不	아닐 **불**	可	옳을 **가**
勝	이길 **승**	觀	볼 **관**	也	**야**(어조사)
味	맛 **미**	不	아닐 **불**	過	지날 **과**
五	다섯 **오**	五	다섯 **오**	味	맛 **미**
之	갈 **지**	變	변할 **변**	不	아닐 **불**
可	옳을 **가**	勝	이길 **승**	嘗	맛볼 **상**
也	**야**(어조사)	戰	싸울 **전**	勢	기세 **세**
不	아닐 **불**	過	지날 **과**	奇	기이할 **기**
正	바를 **정**	奇	기이할 **기**	正	바를 **정**
之	갈 **지**	變	변할 **변**	不	아닐 **불**
可	옳을 **가**	勝	이길 **승**	窮	다할 **궁**
也	**야**(어조사)	奇	기이할 **기**	正	바를 **정**
相	서로 **상**	生	날 **생**	如	같을 **여**
循	좇을 **순**	環	고리 **환**	之	갈 **지**
無	없을 **무**	端	바를 **단**	孰	누구 **숙**
能	능할 **능**	窮	다할 **궁**	之	갈 **지**

의역

모든 전투에서 직접적인 방법(정, 正)을 사용할 수 있지만 승리를 확보하기 위해서는 간접적인 방법(기, 奇)도 필요할 것입니다. 효율적으로 적용되는 간접적인 전술은 하늘과 땅처럼 무궁무진합니다. 강의 흐름처럼 끝이 없습니다. 해와 달처럼 끝이 나지만 새로 시작합니다. 사계절처럼 사라지지만 다시 돌아옵니다. 음표는 다섯 개밖에 없지만, 이 다섯 개의 조합은 많은 멜로디를 만들어 낼 수가 있습니다. 파랑, 노랑, 빨강, 흰색, 검은색과 같은 다섯 가지 원색밖에 없지만, 이들을 조합하면 많은 색상을 생성시킬 수가 있습니다. 신 맛, 매운 맛, 짠 맛, 단 맛, 쓴 맛의 다섯 가지 기본 맛밖에 없지만, 이들을 조합하면 많은 종류의 맛을 낼 수가 있습니다.

전투에서 공격 방법은 직접적인 방법(정, 正)과 간접적인 방법(기, 奇) 두 가지에 불과하지만, 이 두 가지를 조합하면 끝없는 일련의 기동(起動)을 만들어 낼 수가 있습니다. 직접적인 방법과 간접적인 방법은 차례로 서로 연결됩니다. 그것은 마치 원을 그리며 움직이는 것과 같습니다. 결코 끝나지 않습니다. 누가 그들의 다양한 결합의 가능성을 소진시킬 수 있겠습니까?

5.3 勢險節短 세험절단

원문

激水之疾, 至于漂石者, 勢也; 鷙鳥之疾,
격 수 지 질　지 우 표 석 자　세 야　지 조 지 질

至于毁折者, 節也。是故善戰者, 其勢險,
지 우 훼 절 자　절 야　시 고 선 전 자　기 세 험

其節短。勢如彍弩, 節如發機。
기 절 단　세 여 확 노　절 여 발 기

激	격할 **격**	水	물 **수**	之	갈 **지**
疾	병 **질**	至	이를 **지**	于	**우**(어조사)
漂	떠돌 **표**	石	돌 **석**	者	놈 **자**
勢	기세 **세**	也	**야**(어조사)	鷙	맹금 **지**
鳥	새 **조**	之	갈 **지**	疾	병 **질**
至	이를 **지**	于	**우**(어조사)	毁	헐 **훼**
折	꺾을 **절**	者	놈 **자**	節	마디 **절**
也	**야**(어조사)	是	옳을 **시**	故	연고 **고**
善	착할 **선**	戰	싸울 **전**	者	놈 **자**
其	그 **기**	勢	기세 **세**	險	험할 **험**
其	그 **기**	節	마디 **절**	短	짧을 **단**
勢	기세 **세**	如	같을 **여**	彍	당길 **확**
弩	쇠뇌 **노**	節	마디 **절**	如	같을 **여**
發	쏠 **발**	機	틀 **기**		

의역

돌을 급류에 따라 굴릴 수 있는 것은 물의 흐름에 의해 생기는 추진력 때문입니다. 매가 먹잇감을 낚아챌 수 있는 것은 완벽한 타이밍 때문입니다. 그러므로 훌륭한 장수는 적을 공격할 때 상대방이 저항할 수 없는 추진력을 발휘하고, 돌격할 때는 번개 같은 속도를 가지고 있습니다. 이 운동량은 석궁의 굽힘모멘트(Bending Moment)에 비유될 수 있으며, 속도는 시위를 놓는 타이밍에 비유될 수 있습니다.

5.4 形圓不敗 형원불패

원문

紛紛紜紜，門亂而不可亂也；渾渾沌沌，
분 분 운 운　문 란 이 불 가 란 야　혼 혼 돈 돈

形圓而不可敗也。亂生于治，怯生于勇，
형 원 이 불 가 패 야　난 생 우 치　겁 생 우 용

弱生于强。治亂，數也；勇怯，勢也；强弱，
약 생 우 강　치 란　수 야　용 겁　세 야　강 약

形也。故善動敵者，形之，敵必從之；予之，
형 야　고 선 동 적 자　형 지　적 필 종 지　여 지

敵必取之。以利動之，以卒待之。
적 필 취 지　이 리 동 지　이 졸 대 지

紛	섞일 **분**	紛	섞일 **분**	紜	어지러울 **운**
紜	어지러울 **운**	門	문 **문**	亂	어지러울 **란**
而	말 이을 **이**	不	아닐 **불**	可	옳을 **가**
亂	어지러울 **란**	也	**야**(어조사)	渾	흐릴 **혼**
渾	흐릴 **혼**	沌	엉길 **돈**	沌	엉길 **돈**
形	모양 **형**	圓	둥글 **원**	而	말 이을 **이**
不	아닐 **불**	可	옳을 **가**	敗	깨뜨릴 **패**
也	**야**(어조사)	亂	어지러울 **란**	生	날 **생**
于	**우**(어조사)	治	다스릴 **치**	怯	겁낼 **겁**

生	날 **생**	于	**우**(어조사)	勇	날쌜 **용**
弱	약할 **약**	生	날 **생**	于	**우**(어조사)
强	굳셀 **강**	治	다스릴 **치**	亂	어지러울 **란**
數	셀 **수**	也	**야**(어조사)	勇	날쌜 **용**
怯	겁낼 **겁**	勢	기세 **세**	也	**야**(어조사)
强	굳셀 **강**	弱	약할 **약**	形	모양 **형**
也	**야**(어조사)	故	연고 **고**	善	착할 **선**
動	움직일 **동**	敵	원수 **적**	者	놈 **자**
形	모양 **형**	之	갈 **지**	敵	원수 **적**
必	반드시 **필**	從	좇을 **종**	之	갈 **지**
予	나 **여**	之	갈 **지**	敵	원수 **적**
必	반드시 **필**	取	취할 **취**	之	갈 **지**
以	써 **이**	利	이할 **리**	動	움직일 **동**
之	갈 **지**	以	써 **이**	卒	군사 **졸**
待	기다릴 **대**	之	갈 **지**		

의역

전투의 혼란과 격동 속에서 겉보기에는 무질서가 있는 것처럼 보일 수 있지만 실제로는 무질서가 전혀 없을 수도 있습니다. 군대의 배열은 머리도 꼬리도 없어 혼란스럽게 보일 수도 있지만, 사실은 혼란스럽게 보이도록 위장하고 있을 수도 있습니다.

시나리오를 선정할 때 무질서에 대한 완벽한 규율을 가정하고, 공포에 대한 용기를 가정하며, 약점에 대한 힘을 가정해야 합니다. 무질서하게 보임으로써 질서를 숨기는 것은 단순히 조직의 문제입니다. 소심하게 보임으로써 용기를 숨기는 것은 추진력을 전제로 합니다.

약하게 보임으로써 힘을 가리는 것은 전술적인 배치에 의해 영향을 받습니다. 그러므로 적을 이동시키는 데 능숙한 장수는 거짓된 모습을 유지함으로써 적이 그에 따라 움직이게 할 것입니다. 이때 적들이 미끼를 낚아챌 수 있도록 무언가를 희생해야 할 수도 있습니다. 미끼를 제시하여 적들을 진군하게 만들고, 이들을 숨어서 기다리는 것입니다.

5.5 求之于勢 구지우세

원문

故善戰者, 求之于勢, 不責于人, 故能擇人而任勢。
고선전자 구지우세 불책우인 고능택인이임세

任勢者, 其戰人也如轉木石。木石之性, 安則靜,
임세자 기전인야여전목석 목석지성 안칙정

危則動, 方則止, 圓則行。故善戰人之勢,
위칙동 방칙지 원칙행 고선전인지세

如轉圓石于千仞之山者, 勢也。
여전원석우천인지산자 세야

故	연고 **고**	善	착할 **선**	戰	싸울 **전**
者	놈 **자**	求	구할 **구**	之	갈 **지**
于	**우**(어조사)	勢	기세 **세**	不	아닐 **불**
責	꾸짖을 **책**	于	**우**(어조사)	人	사람 **인**
故	연고 **고**	能	능할 **능**	擇	가릴 **택**
人	사람 **인**	而	말 이을 **이**	任	맡길 **임**
勢	기세 **세**	任	맡길 **임**	勢	기세 **세**
者	놈 **자**	其	그 **기**	戰	싸울 **전**
人	사람 **인**	也	**야**(어조사)	如	같을 **여**
轉	구를 **전**	木	나무 **목**	石	돌 **석**
木	나무 **목**	石	돌 **석**	之	갈 **지**
性	성품 **성**	安	편안할 **안**	則	법칙 **칙**

靜	고요할 **정**	危	위태할 **위**	則	법칙 **칙**
動	움직일 **동**	方	방향 **방**	則	법칙 **칙**
止	멈출 **지**	圓	둥글 **원**	則	법칙 **칙**
行	갈 **행**	故	연고 **고**	善	착할 **선**
戰	싸울 **전**	人	사람 **인**	之	갈 **지**
勢	기세 **세**	如	같을 **여**	轉	구를 **전**
圓	둥글 **원**	石	돌 **석**	于	**우**(어조사)
千	일천 **천**	仞	길 **인**	之	갈 **지**
山	뫼 **산**	者	놈 **자**	勢	기세 **세**
也	**야**(어조사)				

의역

영리한 장수는 군사 개개인에게 너무 많은 것을 요구하기보다 팀워크에 의한 결합된 추진력의 효과를 활용합니다. 그러므로 복합적인 추진력을 활용할 수 있는 능력을 가진 적임자를 장수로 뽑아야 합니다.

결합된 추진력을 이용할 때 통나무나 돌멩이를 굴리는 것처럼 구성원을 관리해야 합니다. 통나무나 돌은 평평한 땅에서는 움직이지 않지만 비탈길에서는 움직이는 것이 본성이기 때문입니다. 사각형이면 멈추고 원형이면 구르는 것입니다. 훌륭한 장수가 가진 추진력은 마치 수천 미터 높이의 산에서 둥근 돌을 아래로 굴러 떨어뜨릴 때의 효과를 냅니다. 추진력에 관한 주제는 너무나 많습니다!

孫子兵法
손자병법
원문 읽기

허실
(虛實)

약점과 강점

6.1 不致于人 불치우인

원문

凡先處戰地而待敵者佚，後處戰地而趨戰者勞。
범 선 처 전 지 이 대 적 자 일　후 처 전 지 이 추 전 자 로

故善戰者，致人而不致于人。能使敵人自至者，
고 선 전 자　치 인 이 불 치 우 인　능 사 적 인 자 지 자

利之也；能使敵人不得至者，害之也。
이 지 야　능 사 적 인 부 득 지 자　해 지 야

故敵佚能勞之，飽能饑之，安能動之。
고 적 일 능 로 지　포 능 기 지　안 능 동 지

凡	무릇 **범**	先	먼저 **선**	處	살 **처**
戰	싸울 **전**	地	땅 **지**	而	말 이을 **이**
待	기다릴 **대**	敵	원수 **적**	者	놈 **자**
佚	편안할 **일**	後	뒤 **후**	處	살 **처**
戰	싸울 **전**	地	땅 **지**	而	말 이을 **이**
趨	달아날 **추**	戰	싸울 **전**	者	놈 **자**
勞	일할 **로**	故	연고 **고**	善	착할 **선**
戰	싸울 **전**	者	놈 **자**	致	보낼 **치**
人	사람 **인**	而	말 이을 **이**	不	아닐 **불**
致	보낼 **치**	于	**우**(어조사)	人	사람 **인**
能	능할 **능**	使	하여금 **사**	敵	원수 **적**
人	사람 **인**	自	스스로 **자**	至	이를 **지**

者	놈 **자**	利	이할 **리**	之	갈 **지**
也	**야**(어조사)	能	능할 **능**	使	하여금 **사**
敵	원수 **적**	人	사람 **인**	不	아닐 **부**
得	얻을 **득**	至	이를 **지**	者	놈 **자**
害	해칠 **해**	之	갈 **지**	也	**야**(어조사)
故	연고 **고**	敵	원수 **적**	佚	편안할 **일**
能	능할 **능**	勞	일할 **로**	之	갈 **지**
飽	배부를 **포**	能	능할 **능**	饑	주릴 **기**
之	갈 **지**	安	편안할 **안**	能	능할 **능**
動	움직일 **동**	之	갈 **지**		

의역

누구든지 먼저 전장에 나가 적이 오기를 기다리는 자는 싸움에 나설 태세를 갖추고 있다는 것이고, 다음으로 누구든지 전장에서 싸움을 서두르는 자는 지칠 대로 지칠 것입니다.

그러므로 영리한 장수는 자신의 의지를 적에게 강요하지만, 적의 의지가 자신에게 강요되는 것을 용납하지 않습니다. 아군에게 상황을 유리하게 만들어서 적에게 스스로 접근하게 하거나, 또는 적에게 피해를 입힘으로써 적이 가까이 접근하지 못 하게 만들 수 있습니다. 적이 아군을 노리고 있을 때 적을 괴롭힐 수 있고, 보급이 잘 이루어진다면 적을 굶길 수 있고, 조용히 진을 친다면 적을 강제로 이동시킬 수 있습니다.

6.2 出所必趨 출소필추

원문

出其所必趨，趨其所不意。行千裏而不勞者，
출 기 소 필 추　추 기 소 불 의　행 천 리 이 불 로 자

行于無人之地也。攻而必取者，攻其所不守也。
행 우 무 인 지 지 야　공 이 필 취 자　공 기 소 불 수 야

守而必固者，守其所不攻也。故善攻者，
수 이 필 고 자　수 기 소 불 공 야　고 선 공 자

敵不知其所守；善守者，敵不知其所攻。
적 부 지 기 소 수　선 수 자　적 부 지 기 소 공

薇乎薇乎，至于無形；神乎神乎，至于無聲，
미 호 미 호　지 우 무 형　신 호 신 호　지 우 무 성

故能爲敵之司命。
고 능 위 적 지 사 명

出	날 **출**	其	그 **기**	所	바 **소**
必	반드시 **필**	趨	달아날 **추**	趨	달아날 **추**
其	그 **기**	所	바 **소**	不	아닐 **불**
意	뜻 **의**	行	갈 **행**	千	일천 **천**
裏	속 **리**	而	말 이을 **이**	不	아닐 **불**
勞	일할 **로**	者	놈 **자**	行	갈 **행**
于	**우**(어조사)	無	없을 **무**	人	사람 **인**

之	갈 **지**	地	땅 **지**	也	**야**(어조사)
攻	칠 **공**	而	말 이을 **이**	必	반드시 **필**
取	취할 **취**	者	놈 **자**	攻	칠 **공**
其	그 **기**	所	바 **소**	不	아닐 **불**
守	지킬 **수**	也	**야**(어조사)	守	지킬 **수**
而	말 이을 **이**	必	반드시 **필**	固	굳을 **고**
者	놈 **자**	守	지킬 **수**	其	그 **기**
所	바 **소**	不	아닐 **불**	攻	칠 **공**
也	**야**(어조사)	故	연고 **고**	善	착할 **선**
攻	칠 **공**	者	놈 **자**	敵	원수 **적**
不	아닐 **부**	知	알 **지**	其	그 **기**
所	바 **소**	守	지킬 **수**	善	착할 **선**
守	지킬 **수**	者	놈 **자**	敵	원수 **적**
不	아닐 **부**	知	알 **지**	其	그 **기**
所	바 **소**	攻	칠 **공**	薇	고비 **미**
乎	**호**(어조사)	薇	고비 **미**	乎	**호**(어조사)
至	이를 **지**	于	**우**(어조사)	無	없을 **무**
形	모양 **형**	神	귀신 **신**	乎	**호**(어조사)
神	귀신 **신**	乎	**호**(어조사)	至	이를 **지**
于	**우**(어조사)	無	없을 **무**	聲	소리 **성**
故	연고 **고**	能	능할 **능**	爲	할 **위**
敵	원수 **적**	之	갈 **지**	司	맡을 **사**
命	목숨 **명**				

의역

적이 서둘러 방어해야 하는 지점에 먼저 도착해야 합니다. 예상치 못한 곳으로 신속하게 이동하여야 합니다. 군대는 적이 없는 곳을 행군한다면 어려움 없이 먼 거리를 행군할 수 있습니다. 무방비 상태의 장소만 공격하면 공격 성공을 확신할 수 있습니다.

그러므로 장수는 상대가 무엇을 방어해야 할지 모르는 공격에 능숙해야 하며, 상대가 무엇을 공격해야 할지 모르는 방어에 능숙해야 합니다. 얼마나 섬세하고 비밀스러운 전술인가요! 이를 통해 아군은 보이지 않게 되고, 들리지 않게 되는 것을 배울 수 있습니다. 그러므로 아군은 적의 운명을 아군의 손에 쥐게 될 것입니다.

6.3 衝虛退速 충허퇴속

원문

進而不可御者, 衝其虛也; 退而不可追者,
진 이 불 가 어 자　충 기 허 야　퇴 이 불 가 추 자

速而不可及也。故我欲戰, 敵雖高壘深溝,
속 이 불 가 급 야　고 아 욕 전　적 수 고 루 심 구

不得不與我戰者, 攻其所必救也; 我不欲戰,
부 득 불 여 아 전 자　공 기 소 필 구 야　아 불 욕 전

畫地而守之, 敵不得與我戰者, 乘其所之也。
주 지 이 수 지　적 부 득 여 아 전 자　승 기 소 지 야

進	나아갈 **진**	而	말 이을 **이**	不	아닐 **불**
可	옳을 **가**	御	어거할 **어**	者	놈 **자**
衝	찌를 **충**	其	그 **기**	虛	빌 **허**
也	**야**(어조사)	退	물러날 **퇴**	而	말 이을 **이**
不	아닐 **불**	可	옳을 **가**	追	쫓을 **추**
者	놈 **자**	速	빠를 **속**	而	말 이을 **이**
不	아닐 **불**	可	옳을 **가**	及	미칠 **급**
也	**야**(어조사)	故	연고 **고**	我	나 **아**
欲	하고자 할 **욕**	戰	싸울 **전**	敵	원수 **적**
雖	비록 **수**	高	높을 **고**	壘	보루 **루**
深	깊을 **심**	溝	하수도 **구**	不	아닐 **부**

得	얻을 **득**	不	아닐 **불**	與	줄 **여**
我	나 **아**	戰	싸울 **전**	者	놈 **자**
攻	칠 **공**	其	그 **기**	所	바 **소**
必	반드시 **필**	救	건질 **구**	也	**야**(어조사)
我	나 **아**	不	아닐 **불**	欲	하고자 할 **욕**
戰	싸울 **전**	晝	낮 **주**	地	땅 **지**
而	말 이을 **이**	守	지킬 **수**	之	갈 **지**
敵	원수 **적**	不	아닐 **부**	得	얻을 **득**
與	줄 **여**	我	나 **아**	戰	싸울 **전**
者	놈 **자**	乘	탈 **승**	其	그 **기**
所	바 **소**	之	갈 **지**	也	**야**(어조사)

의역

적의 약점을 활용하면 전진할 수 있고 저항할 수 없게 만들 수 있습니다. 적보다 움직임이 빠르면 후퇴하여 추격을 피할 수 있습니다.

만약 아군이 싸울 의지가 있다면 적이 높은 성벽과 깊은 도랑 뒤에 숨어 있더라도 충분히 교전할 수 있습니다. 아군이 할 일은 적이 지원을 받을 수 있는 다른 곳을 공격하는 것입니다. 만약 아군이 싸우기를 원하지 않는다면 지상에 있는 아군의 진채가 추적을 당하더라도 적들과 교전하는 것을 막을 수 있습니다. 아군이 해야 할 일은 기상천외한 무언가를 적 앞에 던지는 것입니다.

6.4 我專敵分 아전적분

원문

故形人而我無形, 則我專而敵分; 我專爲一,
고 형 인 이 아 무 형　칙 아 전 이 적 분　아 전 위 일

敵分爲十, 是以十攻其一也, 則我衆敵寡;
적 분 위 십　시 이 십 공 기 일 야　칙 아 중 적 과

能以衆擊寡者, 則吾之所與戰者約矣。
능 이 중 격 과 자　칙 오 지 소 여 전 자 약 의

吾所與戰之地不可知, 不可知, 則敵所備者多;
오 소 여 전 지 지 불 가 지　불 가 지　칙 적 소 비 자 다

敵所備者多, 則吾所與戰者寡矣。
적 소 비 자 다　칙 오 소 여 전 자 과 의

故備前則後寡, 備後則前寡, 備左則右寡,
고 비 전 칙 후 과　비 후 칙 전 과　비 좌 칙 우 과

備右則左寡, 無所不備, 則無所不寡。寡者,
비 우 칙 좌 과　무 소 불 비　칙 무 소 불 과　과 자

備人者也; 衆者, 使人備己者也。
비 인 자 야　중 자　사 인 비 기 자 야

故	연고 **고**	形	모양 **형**	人	사람 **인**
而	말 이을 **이**	我	나 **아**	無	없을 **무**

形	모양 **형**	則	법칙 **칙**	我	나 **아**
專	오로지 **전**	而	말 이을 **이**	敵	원수 **적**
分	나눌 **분**	我	나 **아**	專	오로지 **전**
爲	할 **위**	一	한 **일**	敵	원수 **적**
分	나눌 **분**	爲	할 **위**	十	열 **십**
是	옳을 **시**	以	써 **이**	十	열 **십**
攻	칠 **공**	其	그 **기**	一	한 **일**
也	**야**(어조사)	則	법칙 **칙**	我	나 **아**
衆	무리 **중**	敵	원수 **적**	寡	적을 **과**
能	능할 **능**	以	써 **이**	衆	무리 **중**
擊	부딪칠 **격**	寡	적을 **과**	者	놈 **자**
則	법칙 **칙**	吾	나 **오**	之	갈 **지**
所	바 **소**	與	줄 **여**	戰	싸울 **전**
者	놈 **자**	約	묶을 **약**	矣	**의**(어조사)
吾	나 **오**	所	바 **소**	與	줄 **여**
戰	싸울 **전**	之	갈 **지**	地	땅 **지**
不	아닐 **불**	可	옳을 **가**	知	알 **지**
不	아닐 **불**	可	옳을 **가**	知	알 **지**
則	법칙 **칙**	敵	원수 **적**	所	바 **소**
備	갖출 **비**	者	놈 **자**	多	많을 **다**
敵	원수 **적**	所	바 **소**	備	갖출 **비**
者	놈 **자**	多	많을 **다**	則	법칙 **칙**
吾	나 **오**	所	바 **소**	與	줄 **여**
戰	싸울 **전**	者	놈 **자**	寡	적을 **과**
矣	**의**(어조사)	故	연고 **고**	備	갖출 **비**
前	앞 **전**	則	법칙 **칙**	後	뒤 **후**
寡	적을 **과**	備	갖출 **비**	後	뒤 **후**
則	법칙 **칙**	前	앞 **전**	寡	적을 **과**
備	갖출 **비**	左	왼쪽 **좌**	則	법칙 **칙**
右	오른쪽 **우**	寡	적을 **과**	備	갖출 **비**
右	오른쪽 **우**	則	법칙 **칙**	左	왼쪽 **좌**

寡	적을 **과**	無	없을 **무**	所	바 **소**
不	아닐 **불**	備	갖출 **비**	則	법칙 **칙**
無	없을 **무**	所	바 **소**	不	아닐 **불**
寡	적을 **과**	寡	적을 **과**	者	놈 **자**
備	갖출 **비**	人	사람 **인**	者	놈 **자**
也	**야**(어조사)	衆	무리 **중**	者	놈 **자**
使	하여금 **사**	人	사람 **인**	備	갖출 **비**
己	자기 **기**	者	놈 **자**	也	**야**(어조사)

의역

적의 배치를 발견하고 아군을 보이지 않게 함으로써 아군의 병력은 집중시키고 반면에 적의 병력은 분산되도록 만들어야 합니다. 아군은 하나의 연합체를 형성하고 적들은 분열되어야 합니다. 이렇게 하면 적에게는 어딘가에 구멍이 생길 것이고 적은 숫자로도 적을 패퇴시킬 수 있을 것입니다.

만약 아군이 우세한 군대로 열세인 적의 군대를 공격할 수 있다면 적을 심각한 곤경에 빠뜨릴 수 있을 것입니다. 아군이 공격하려는 지점을 적이 알지 못하게 만들어야 합니다. 그러면 적은 여러 다른 지점에서 가능한 공격에 대비해야 할 것입니다. 적의 군대가 여러 방향으로 분산되어 있으므로 아군이 어느 지점에서 상대해야 할 숫자는 비례적으로 적어도 될 것입니다.

적이 진지를 강화하면 진지를 약화시켜야 합니다. 왼쪽을 강화하면 오른쪽을 약화시키고, 오른쪽을 강화하면 왼쪽을 약화시켜야 합니다. 만약 여러 곳에 지원군을 보낸다면 그곳이 동시에 약해질 수 있습니다. 어디에서나 일어날 수 있는 공격에 대비하는 과정에서 숫자상 열세를 초래합니다. 그러므로 적이 아군을 상대로 이런 대비를 하게 만들어 숫자상 열세에 놓이게 해야 합니다.

6.5 知戰地日 지전지일

원문

故知戰之地，知戰之日，則可千里而會戰；
고지전지지 지전지일 칙가천리이회전

不知戰地，不知戰日，則左不能救右，
부지전지 부지전일 칙좌불능구우

右不能救左，前不能救後，後不能救前，
우불능구좌 전불능구후 후불능구전

而況遠者數十里，近者數里乎？以吾度之，
이황원자수십리 근자수리호 이오도지

越人之兵雖多，亦奚益于勝哉？故曰：勝可爲也。
월인지병수다 역해익우승재 고왈 승가위야

敵雖衆，可使無鬥。
적수중 가사무두

故	연고 **고**	知	알 **지**	戰	싸울 **전**
之	갈 **지**	地	땅 **지**	知	알 **지**
戰	싸울 **전**	之	갈 **지**	日	해 **일**
則	법칙 **칙**	可	옳을 **가**	千	일천 **천**
里	거리 **리**	而	말 이을 **이**	會	모일 **회**
戰	싸울 **전**	不	아닐 **부**	知	알 **지**
戰	싸울 **전**	地	땅 **지**	不	아닐 **부**

知	알 **지**	戰	싸울 **전**	日	해 **일**
則	법칙 **칙**	左	왼쪽 **좌**	不	아닐 **불**
能	능할 **능**	救	건질 **구**	右	오른쪽 **우**
右	오른쪽 **우**	不	아닐 **불**	能	능할 **능**
救	건질 **구**	左	왼쪽 **좌**	前	앞 **전**
不	아닐 **불**	能	능할 **능**	救	건질 **구**
後	뒤 **후**	後	뒤 **후**	不	아닐 **불**
能	능할 **능**	救	건질 **구**	前	앞 **전**
而	말 이을 **이**	況	하물며 **황**	遠	멀 **원**
者	놈 **자**	數	셀 **수**	十	열 **십**
里	거리 **리**	近	가까울 **근**	者	놈 **자**
數	셀 **수**	里	거리 **리**	乎	**호**(어조사)
以	써 **이**	吾	나 **오**	度	법도 **도**
之	갈 **지**	越	넘을 **월**	人	사람 **인**
之	갈 **지**	兵	군사 **병**	雖	비록 **수**
多	많을 **다**	亦	또 **역**	奚	어찌 **해**
益	더할 **익**	于	**우**(어조사)	勝	이길 **승**
哉	**재**(어조사)	故	연고 **고**	曰	가로 **왈**
勝	이길 **승**	可	옳을 **가**	爲	할 **위**
也	**야**(어조사)	敵	원수 **적**	雖	비록 **수**
衆	무리 **중**	可	옳을 **가**	使	하여금 **사**
無	없을 **무**	鬥	싸울 **두**		

의역

전투 장소와 시간을 알면 전투를 위해 가장 먼 거리에서 집중할 수 있습니다. 하지만 시간과 장소를 알 수 없다면 왼쪽 날개는 오른쪽을 차지할 수 없고, 오른쪽 날개는 왼쪽을 차지할 수 없으며, 군대는 뒤쪽을 방어할 수 없고, 뒤쪽은 군대를 지원할 수 없습니다.

군대의 가장 먼 부분이 수십 리 아래로 떨어져 있고, 가장 가까운 부분도 몇 리로 분리되어 있다면 얼마나 더 그러하겠습니까! 이처럼 군사가 수적으로 더 많더라도 오히려 승리를 거두는 데 아무런 이득이 되지 않을 것입니다. 이를 간파한다면 적이 수적으로 우세하더라도 싸워 막아 낼 수 있습니다.

6.6 得失之計 득실지계

원문

故策之而知得失之計，作之而知動靜之理，
고 책 지 이 지 득 실 지 계　작 지 이 지 동 정 지 리
形之而知死生之地，角之而知有餘不足之處。
형 지 이 지 사 생 지 지　각 지 이 지 유 여 부 족 지 처
故形兵之極，至于無形；無形，則深間不能窺，
고 형 병 지 극　지 우 무 형　무 형　칙 심 문 불 능 규
智者不能謀。因形而錯勝于衆，衆不能知；
지 자 불 능 모　인 형 이 착 승 우 중　중 불 능 지
人皆知我所以勝之形，而莫知吾所以制勝之形。
인 개 지 아 소 이 승 지 형　이 막 지 오 소 이 제 승 지 형
故其戰勝不復，而應形于無窮。
고 기 전 승 불 복　이 응 형 우 무 궁

故	연고 **고**	策	채찍 **책**	之	갈 **지**
而	말 이을 **이**	知	알 **지**	得	얻을 **득**
失	잃을 **실**	之	갈 **지**	計	꾀 **계**
作	지을 **작**	之	갈 **지**	而	말 이을 **이**
知	알 **지**	動	움직일 **동**	靜	고요할 **정**
之	갈 **지**	理	다스릴 **리**	形	모양 **형**
之	갈 **지**	而	말 이을 **이**	知	알 **지**

死	죽을 **사**	生	날 **생**	之	갈 **지**
地	땅 **지**	角	뿔 **각**	之	갈 **지**
而	말 이을 **이**	知	알 **지**	有	있을 **유**
餘	남을 **여**	不	아닐 **부**	足	달릴 **족**
之	갈 **지**	處	살 **처**	故	연고 **고**
形	모양 **형**	兵	군사 **병**	之	갈 **지**
極	다할 **극**	至	이를 **지**	于	**우**(어조사)
無	없을 **무**	形	모양 **형**	無	없을 **무**
形	모양 **형**	則	법칙 **칙**	深	깊을 **심**
聞	들을 **문**	不	아닐 **불**	能	능할 **능**
窺	엿볼 **규**	智	슬기 **지**	者	놈 **자**
不	아닐 **불**	能	능할 **능**	謀	꾀할 **모**
因	인할 **인**	形	모양 **형**	而	말 이을 **이**
錯	섞일 **착**	勝	이길 **승**	于	**우**(어조사)
衆	무리 **중**	衆	무리 **중**	不	아닐 **불**
能	능할 **능**	知	알 **지**	人	사람 **인**
皆	다 **개**	知	알 **지**	我	나 **아**
所	바 **소**	以	써 **이**	勝	이길 **승**
之	갈 **지**	形	모양 **형**	而	말 이을 **이**
莫	없을 **막**	知	알 **지**	吾	나 **오**
所	바 **소**	以	써 **이**	制	마를 **제**
勝	이길 **승**	之	갈 **지**	形	모양 **형**
故	연고 **고**	其	그 **기**	戰	싸울 **전**
勝	이길 **승**	不	아닐 **불**	復	돌아올 **복**
而	말 이을 **이**	應	응할 **응**	形	모양 **형**
于	**우**(어조사)	無	없을 **무**	窮	다할 **궁**

의역

적의 계획과 그 성공 가능성을 찾기 위한 계획을 세워야 합니다. 적을 움직이게 하여 그들의 활동이나 비활동의 원리를 분석하기 바랍니다. 적이 자신을 드러내도록 만들고, 그들의 취약한 지점을 알아내기 바랍니다.

주의 깊게 아군과 비교하기 바랍니다. 그러면 아군이 어디에 강하고 어디에 약한지 알게 될 것입니다. 전술적 배치를 할 때 가장 중요한 것은 적이 알지 못하도록 잘 숨기는 것입니다. 아군의 배치를 숨기는 것입니다. 적의 스파이 활동을 막아야 안전합니다. 적을 이기기 위해서는 보통 사람이 잘 모르는 전술을 써야 합니다. 한 번의 승리를 안겨준 전술을 반복하여 쓰지 말고 다양한 상황에 대응하여 전술을 진화시켜야 합니다.

6.7 兵形象水 병형상수

원문

夫兵形象水, 水之形, 避高而趨下; 兵之形,
부 병 형 상 수 　수 지 형 　피 고 이 추 하 　병 지 형

避實而擊虛。水因地而制流, 兵因敵而制勝。
피 실 이 격 허 　수 인 지 이 제 류 　병 인 적 이 제 승

故兵無常勢, 水無常形; 能因敵變化而取勝者,
고 병 무 상 세 　수 무 상 형 　능 인 적 변 화 이 취 승 자

謂之神。故五行無常勝, 四時無常位,
위 지 신 　고 오 행 무 상 승 　사 시 무 상 위

日有短長, 月有死生。
일 유 단 장 　월 유 사 생

夫	지아비 **부**	兵	군사 **병**	形	모양 **형**
象	코끼리 **상**	水	물 **수**	水	물 **수**
之	갈 **지**	形	모양 **형**	避	피할 **피**
高	높을 **고**	而	말 이을 **이**	趨	달아날 **추**
下	아래 **하**	兵	군사 **병**	之	갈 **지**
形	모양 **형**	避	피할 **피**	實	열매 **실**
而	말 이을 **이**	擊	부딪칠 **격**	虛	빌 **허**
水	물 **수**	因	인할 **인**	地	땅 **지**
而	말 이을 **이**	制	억제할 **제**	流	흐를 **류**

兵	군사 **병**	因	인할 **인**	敵	원수 **적**
而	말 이을 **이**	制	억제할 **제**	勝	이길 **승**
故	연고 **고**	兵	군사 **병**	無	없을 **무**
常	항상 **상**	勢	기세 **세**	水	물 **수**
無	없을 **무**	常	항상 **상**	形	모양 **형**
能	능할 **능**	因	인할 **인**	敵	원수 **적**
變	변할 **변**	化	될 **화**	而	말 이을 **이**
取	취할 **취**	勝	이길 **승**	者	놈 **자**
謂	이를 **위**	之	갈 **지**	神	귀신 **신**
故	연고 **고**	五	다섯 **오**	行	갈 **행**
無	없을 **무**	常	항상 **상**	勝	이길 **승**
四	넉 **사**	時	때 **시**	無	없을 **무**
常	항상 **상**	位	자리 **위**	日	해 **일**
有	있을 **유**	短	짧을 **단**	長	길 **장**
月	달 **월**	有	있을 **유**	死	죽을 **사**
生	날 **생**				

의역

군사 전술은 물의 원리와 같습니다. 자연 상태에서 물은 높은 곳에서 아래로 흐릅니다. 전쟁에서도 강한 것을 피하고 약한 것을 공격하는 것이 방법입니다. 여기서 강한 것을 피하는 것을 실(實)이라 하고, 약한 것을 치는 것을 허(虛)라고 합니다.

물은 흐르는 땅의 특성에 따라 진로를 결정합니다. 물이 일정한 모양을 유지하지 않는 것처럼 전쟁에서도 상황이 일정하지 않습니다. 상대방의 움직임에 따라 전술을 수정하여 대응해야 합니다.

수(水), 화(火), 목(木), 금(金), 토(土)의 다섯 가지 요소가 항상 동일하게 지배적인 것은 아닙니다. 마찬가지로 사계절은 각기 특징이 있습니다. 짧은 날과 긴 날이 있고 달이 지는 시기가 있습니다.

孫子兵法
손자병법
원문 읽기

제7장

군쟁(軍爭)

기동(起動)

7.1 迂直之計 우직지계

원문

凡用兵之法, 將受命于君, 合軍聚衆,
범 용 병 지 법 장 수 명 우 군 합 군 취 중
交和而舍, 莫難于軍爭。軍爭之難者, 以迂爲直,
교 화 이 사 막 난 우 군 쟁 군 쟁 지 난 자 이 우 위 직
以患爲利。故迂其途, 而誘之以利, 後人發,
이 환 위 리 고 우 기 도 이 유 지 이 리 후 인 발
先人至, 此知迂直之計者也。
선 인 지 차 지 우 직 지 계 자 야

凡	무릇 **범**	用	쓸 **용**	兵	군사 **병**
之	갈 **지**	法	법 **법**	將	장수 **장**
受	받을 **수**	命	목숨 **명**	于	**우**(어조사)
君	임금 **군**	合	합할 **합**	軍	군사 **군**
聚	모일 **취**	衆	무리 **중**	交	사귈 **교**
和	화할 **화**	而	말 이을 **이**	舍	집 **사**
莫	없을 **막**	難	어려울 **난**	于	**우**(어조사)
軍	군사 **군**	爭	다툴 **쟁**	軍	군사 **군**
爭	다툴 **쟁**	之	갈 **지**	難	어려울 **난**
者	놈 **자**	以	써 **이**	迂	멀 **우**
爲	할 **위**	直	곧을 **직**	以	써 **이**
患	근심 **환**	爲	할 **위**	利	이할 **리**

故	연고 **고**	迂	멀 **우**	其	그 **기**
途	길 **도**	而	말 이을 **이**	誘	꾈 **유**
之	갈 **지**	以	써 **이**	利	이할 **리**
後	뒤 **후**	人	사람 **인**	發	쏠 **발**
先	먼저 **선**	人	사람 **인**	至	이를 **지**
此	이 **차**	知	알 **지**	迂	멀 **우**
直	곧을 **직**	之	갈 **지**	計	꾀 **계**
者	놈 **자**	也	**야**(어조사)		

의역

전쟁에서 장수는 군주로부터 명령을 받습니다. 군대를 모으고 병력을 집중시켜 진영을 세우기 전에 여러 요소를 혼합하고 조화시켜야 합니다. 다음으로 전술적인 작전을 세워야 하는데, 이것이 가장 어려운 일입니다. 전술적 운용의 어려움은 일탈을 "정"(正, 5.1 참조)으로, 약점을 강점으로 바꾸는 데 있습니다.

그러므로 길고 우회적인 경로를 택해야 합니다. 이는 적을 길에서 유인한 뒤에 비록 적의 뒤를 쫓아가기는 하지만 그들 앞에 있는 목표 지점에 먼저 도달하기 위함이며, 여러 전술적 지식이 필요합니다.

7.2 軍爭利危 군쟁리위

원문

故軍爭爲利，軍爭爲危。擧軍而爭利，
고 군 쟁 위 리 군 쟁 위 위 거 군 이 쟁 리

則不及；委軍而爭利，則輜重捐。是故卷甲而趨，
칙 불 급 위 군 이 쟁 리 칙 치 중 연 시 고 권 갑 이 추

日夜不處，培道兼行，百里而爭利，則擒三軍將，
일 야 불 처 배 도 겸 행 백 리 이 쟁 리 칙 금 삼 군 장

勁者先，疲者後，其法十一而至；五十里而爭利，
경 자 선 피 자 후 기 법 십 일 이 지 오 십 리 이 쟁 리

則蹶上將軍，其法半至；三十里而爭利，
칙 궐 상 장 군 기 법 반 지 삼 십 리 이 쟁 리

則三分之二至。是故軍無輜重則亡，
칙 삼 분 지 이 지 시 고 군 무 치 중 칙 망

無糧食則亡，無委積則亡。
무 량 식 칙 망 무 위 적 칙 망

故	연고 **고**	軍	군사 **군**	爭	다툴 **쟁**
爲	할 **위**	利	이할 **리**	軍	군사 **군**
爭	다툴 **쟁**	爲	할 **위**	危	위태할 **위**
擧	들 **거**	軍	군사 **군**	而	말 이을 **이**
爭	다툴 **쟁**	利	이할 **리**	則	법칙 **칙**

不	아닐 **불**	及	미칠 **급**	委	맡길 **위**
軍	군사 **군**	而	말 이을 **이**	爭	다툴 **쟁**
利	이할 **리**	則	법칙 **칙**	輜	짐수레 **치**
重	무거울 **중**	捐	버릴 **연**	是	옳을 **시**
故	연고 **고**	卷	쇠뇌 **권**	甲	거북 등 **갑**
而	말 이을 **이**	趨	달아날 **추**	日	해 **일**
夜	밤 **야**	不	아닐 **불**	處	살 **처**
培	북돋울 **배**	道	길 **도**	兼	겸할 **겸**
行	갈 **행**	百	일백 **백**	里	거리 **리**
而	말 이을 **이**	爭	다툴 **쟁**	利	이할 **리**
則	법칙 **칙**	擒	사로잡을 **금**	三	석 **삼**
軍	군사 **군**	將	장수 **장**	勁	굳셀 **경**
者	놈 **자**	先	먼저 **선**	疲	지칠 **피**
者	놈 **자**	後	뒤 **후**	其	그 **기**
法	법 **법**	十	열 **십**	一	한 **일**
而	말 이을 **이**	至	이를 **지**	五	다섯 **오**
十	열 **십**	里	거리 **리**	而	말 이을 **이**
爭	다툴 **쟁**	利	이할 **리**	則	법칙 **칙**
蹶	넘어질 **궐**	上	위 **상**	將	장수 **장**
軍	군사 **군**	其	그 **기**	法	법 **법**
半	반 **반**	至	이를 **지**	三	석 **삼**
十	열 **십**	里	거리 **리**	而	말 이을 **이**
爭	다툴 **쟁**	利	이할 **리**	則	법칙 **칙**
三	석 **삼**	分	나눌 **분**	之	갈 **지**
二	두 **이**	至	이를 **지**	是	옳을 **시**
故	연고 **고**	軍	군사 **군**	無	없을 **무**
輜	짐수레 **치**	重	무거울 **중**	則	법칙 **칙**
亡	망할 **망**	無	없을 **무**	糧	양식 **량**
食	밥 **식**	則	법칙 **칙**	亡	망할 **망**
無	없을 **무**	委	맡길 **위**	積	쌓을 **적**
則	법칙 **칙**	亡	망할 **망**		

의역

군대의 작전은 이점과 위험을 모두 수반합니다. 만약 유리한 고지를 차지하기 위해 완전무장한 채로 행군에 나선다면 목적지에 도달하기가 너무 늦어질 가능성이 있습니다. 반면에 목적을 위해 무장을 줄이면 다른 희생을 수반합니다. 부하들에게 낮이나 밤이나 쉬지 않고 강행군을 시켜 평소의 두 배나 되는 거리를 행군하게 하여 유리한 고지를 차지하도록 명령한다면 오히려 적의 손에 넘어갈 위험이 있습니다.

더 강한 병사를 앞에 세우고 지친 병사를 뒤에 세웁니다. 이 계획대로라면 군대의 1할만이 목적지에 도착할 수 있을 것입니다. 적을 제압하기 위해 50리를 행군하면 선발대는 힘들어서 병력의 절반만이 목적지에 도달할 것입니다. 같은 조건으로 30리를 행군하면 군사의 3분의 2가 도착합니다. 그러면 군수품 보급이 제대로 이루어지지 않아 적에게 패하고 말 것입니다.

7.3 不能豫交 불능예교

원문

故不知諸侯之謀者，不能豫交；不知山林、
고부지제후지모자 불능예교 부지산림

險阻、沮澤之形者，不能行軍；不用鄕導者，
험조 저택지형자 불능행군 불용향도자

不能得地利。
불능득지리

故	연고 **고**	不	아닐 **부**	知	알 **지**
諸	모든 **제**	侯	임금 **후**	之	갈 **지**
謀	꾀할 **모**	者	놈 **자**	不	아닐 **불**
能	능할 **능**	豫	미리 **예**	交	사귈 **교**
不	아닐 **부**	知	알 **지**	山	뫼 **산**
林	수풀 **림**	險	험할 **험**	阻	험할 **조**
沮	막을 **저**	澤	못 **택**	之	갈 **지**
形	모양 **형**	者	놈 **자**	不	아닐 **불**
能	능할 **능**	行	갈 **행**	軍	군사 **군**
不	아닐 **불**	用	쓸 **용**	鄕	시골 **향**
導	이끌 **도**	者	놈 **자**	不	아닐 **불**
能	능할 **능**	得	얻을 **득**	地	땅 **지**
利	이할 **리**				

의역

이웃 국가들의 계략을 알기 전에는 동맹을 맺으면 안 됩니다. 지형, 즉 산과 숲, 함정과 절벽, 습지와 늪에 익숙하지 않으면 군대를 이끌고 행군하기에 적합하지 않습니다. 현지 가이드를 이용하지 않는 한 자연적인 이점을 이용할 수 없을 것입니다.

7.4 詐立利動 사립리동

원문

故兵以詐立, 以利動, 以分合爲變者也。
고 병 이 사 립　이 리 동　이 분 합 위 변 자 야

故其疾如風, 其徐如林, 侵掠如火, 不動如山,
고 기 질 여 풍　기 서 여 림　침 략 여 화　부 동 여 산

難知如陰, 動如雷震。掠鄕分衆, 廓地分利,
난 지 여 음　동 여 뇌 진　약 향 분 중　곽 지 분 리

懸權而動。先知迂直之計者勝。此軍爭之法也。
현 권 이 동　선 지 우 직 지 계 자 승　차 군 쟁 지 법 야

故	연고 **고**	兵	군사 **병**	以	써 **이**
詐	속일 **사**	立	설 **립**	以	써 **이**
利	이할 **리**	動	움직일 **동**	以	써 **이**
分	나눌 **분**	合	합할 **합**	爲	할 **위**
變	변할 **변**	者	놈 **자**	也	**야**(어조사)
故	연고 **고**	其	그 **기**	疾	병 **질**
如	같을 **여**	風	바람 **풍**	其	그 **기**
徐	천천할 **서**	如	같을 **여**	林	수풀 **림**
侵	침노할 **침**	掠	노략질할 **략**	如	같을 **여**
火	불 **화**	不	아닐 **부**	動	움직일 **동**
如	같을 **여**	山	뫼 **산**	難	어려울 **난**
知	알 **지**	如	같을 **여**	陰	응달 **음**

動	움직일 **동**	如	같을 **여**	雷	우레 **뢰**
震	벼락 **진**	掠	노략질할 **략**	鄕	시골 **향**
分	나눌 **분**	衆	무리 **중**	廓	둘레 **곽**
地	땅 **지**	分	나눌 **분**	利	이할 **리**
懸	매달 **현**	權	저울질할 **권**	而	말 이을 **이**
動	움직일 **동**	先	먼저 **선**	知	알 **지**
迂	멀 **우**	直	곧을 **직**	之	갈 **지**
計	꾀 **계**	者	놈 **자**	勝	이길 **승**
此	이 **차**	軍	군사 **군**	爭	다툴 **쟁**
之	갈 **지**	法	법 **법**	也	**야**(어조사)

의역

전쟁에서 사전연습과 훈련을 잘하면 성공할 것입니다. 준비가 잘 되었을 때 행동 개시를 해야 합니다. 병력을 한 군데 집중할 것인지 여러 군데로 분산시킬 것인지는 상황에 따라 결정해야 합니다.

군사 행동은 숲속의 바람같이, 공격은 불같이, 방어는 산같이, 움직일 때는 전광석화와 같이 해야 합니다. 교외를 장악하면 약탈한 것은 현지 사람들에게 나누어 주고, 새로운 땅을 점령할 때에는 군사들에게 나누어 줍니다. 계획을 실행에 옮기기 전에 심사숙고 해야 합니다. 이것이 바로 작전 수행의 기본 원칙입니다.

7.5 人之耳目 인지이목

원문

《軍政》曰；“言不相聞，故爲金鼓；視不相見，
군정 왈 언불상문 고위금고 시불상견

故爲旌旗”。夫金鼓旌旗者，所以一人之耳目也。
고위정기 부금고정기자 소이일인지이목야

人旣專一，則勇者不得獨進，怯者不得獨退，
인기전일 칙용자부득독진 겁자부득독퇴

此用衆之法也。故夜戰多火鼓，晝戰多旌旗，
차용중지법야 고야전다화고 주전다정기

所以變人之耳目也。
소이변인지이목야

軍	군사 **군**	政	정사 **정**	曰	가로 **왈**
言	말씀 **언**	不	아닐 **불**	相	서로 **상**
聞	들을 **문**	故	연고 **고**	爲	할 **위**
金	쇠 **금**	鼓	북 **고**	視	볼 **시**
不	아닐 **불**	相	서로 **상**	見	볼 **견**
故	연고 **고**	爲	할 **위**	旌	기 **정**
旗	기 **기**	夫	지아비 **부**	金	쇠 **금**
鼓	북 **고**	旌	기 **정**	旗	기 **기**
者	놈 **자**	所	바 **소**	以	써 **이**

一	한 **일**	人	사람 **인**	之	갈 **지**
耳	귀 **이**	目	눈 **목**	也	**야**(어조사)
人	사람 **인**	旣	이미 **기**	專	오로지 **전**
一	한 **일**	則	법칙 **칙**	勇	날쌜 **용**
者	놈 **자**	不	아닐 **부**	得	얻을 **득**
獨	홀로 **독**	進	나아갈 **진**	怯	겁낼 **겁**
者	놈 **자**	不	아닐 **부**	得	얻을 **득**
獨	홀로 **독**	退	물러날 **퇴**	此	이 **차**
用	쓸 **용**	衆	무리 **중**	之	갈 **지**
法	법 **법**	也	**야**(어조사)	故	연고 **고**
夜	밤 **야**	戰	싸울 **전**	多	많을 **다**
火	불 **화**	鼓	북 **고**	晝	낮 **주**
戰	싸울 **전**	多	많을 **다**	旌	기 **정**
旗	기 **기**	所	바 **소**	以	써 **이**
變	변할 **변**	人	사람 **인**	之	갈 **지**
耳	귀 **이**	目	눈 **목**	也	**야**(어조사)

의역

《군정(軍政)》이라는 책에 따르면 전장(戰場)에서는 말소리가 충분히 전달되지 않으므로 징과 북을 사용합니다. 일반적인 물체도 충분히 명확하게 볼 수 없기 때문에 배너와 깃발을 이용하는 것이 좋습니다. 징과 북 그리고 깃발은 귀와 눈을 한 특정한 지점에 집중시킬 수 있는 수단입니다.

그러므로 군진을 하나의 연합체로 형성시켜 용감한 자가 홀로 전진하는 것도 비겁한 자가 홀로 후퇴하는 것도 불가능하게 만듭니다. 이것은 군중을 다루는 기술입니다. 야간 전투에서는 신호탄

과 북을 많이 사용하고, 낮에는 깃발과 배너를 많이 사용하여 군대의 귀와 눈에 영향을 줍니다.

7.6 治氣治心 치기치심

원문

故三軍可奪氣，將軍可奪心。是故朝氣銳，
고 삼 군 가 탈 기　장 군 가 탈 심　시 고 조 기 예

晝氣惰，暮氣歸。故善用兵者，避其銳氣，
주 기 타　모 기 귀　고 선 용 병 자　피 기 예 기

擊其惰歸，此治氣者也。以治待亂，以靜待嘩，
격 기 타 귀　차 치 기 자 야　이 치 대 란　이 정 대 화

此治心者也。以近待遠，以佚待勞，以飽待饑，
차 치 심 자 야　이 근 대 원　이 일 대 로　이 포 대 기

此治力者也。無邀正正之旗，勿擊堂堂之陣，
차 치 력 자 야　무 요 정 정 지 기　물 격 당 당 지 진

此治變者也。
차 치 변 자 야

故	연고 **고**	三	석 **삼**	軍	군사 **군**
可	옳을 **가**	奪	빼앗을 **탈**	氣	기운 **기**
將	장수 **장**	軍	군사 **군**	可	옳을 **가**
奪	빼앗을 **탈**	心	마음 **심**	是	옳을 **시**
故	연고 **고**	朝	아침 **조**	氣	기운 **기**
銳	날카로울 **예**	晝	낮 **주**	氣	기운 **기**
惰	게으를 **타**	暮	저물 **모**	氣	기운 **기**

歸	돌아갈 **귀**	故	연고 **고**	善	착할 **선**
用	쓸 **용**	兵	군사 **병**	者	놈 **자**
避	피할 **피**	其	그 **기**	銳	날카로울 **예**
氣	기운 **기**	擊	부딪칠 **격**	其	그 **기**
惰	게으를 **타**	歸	돌아갈 **귀**	此	이 **차**
治	다스릴 **치**	氣	기운 **기**	者	놈 **자**
也	**야**(어조사)	以	써 **이**	治	다스릴 **치**
待	기다릴 **대**	亂	어지러울 **란**	以	써 **이**
靜	고요할 **정**	待	기다릴 **대**	嘩	시끄러울 **화**
此	이 **차**	治	다스릴 **치**	心	마음 **심**
者	놈 **자**	也	**야**(어조사)	以	써 **이**
近	가까울 **근**	待	기다릴 **대**	遠	멀 **원**
以	써 **이**	佚	편안할 **일**	待	기다릴 **대**
勞	일할 **로**	以	써 **이**	飽	물릴 **포**
待	기다릴 **대**	饑	주릴 **기**	此	이 **차**
治	다스릴 **치**	力	힘 **력**	者	놈 **자**
也	**야**(어조사)	無	없을 **무**	邀	맞을 **요**
正	바를 **정**	正	바를 **정**	之	갈 **지**
旗	기 **기**	勿	말 **물**	擊	부딪칠 **격**
堂	집 **당**	堂	집 **당**	之	갈 **지**
陣	진영 **진**	此	이 **차**	治	다스릴 **치**
變	변할 **변**	者	놈 **자**	也	**야**(어조사)

의역

군대 전체가 정신을 잃을 수도 있고, 총사령관이 정신을 잃을 수도 있습니다. 군인의 정신은 아침에 가장 활발하고, 낮에는 지쳐서 정신이 오락가락하고, 저녁이 되면 그들의 마음은 캠프로 돌아가서 쉬기를 원합니다. 그러므로 지혜로운 장수는 정신이 날카로운 적군을 피하고, 그들이 지쳐서 쉬고 싶어할 때 공격합니다. 이것은 정신적인 스트레스(Stress, 응력, 應力)의 제어 관리에 관한 기술입니다(제14장 참조).

절제되고 침착하게 적들 사이에 무질서와 웅성거림이 나타나기를 기다리는 것이 좋습니다. 이것이 주도권을 유지하는 기술입니다. 적이 먼 곳에서 가까이 올 때까지 기다리는 것, 적이 지치고 힘들어할 때를 기다리는 것, 적이 굶주릴 때 아군을 잘 먹이는 것, 이것이 힘을 기르는 기술입니다.

깃발이 완벽하게 정돈되어 있는 적군을 공격하는 것을 삼가고, 차분하고 자신감 있는 대열로 정렬한 적군을 공격하지 않는 것이 좋습니다.

7.7 窮寇勿迫 궁구물박

원문

故用兵之法, 高陵勿向, 背丘勿逆, 佯北勿從,
고용병지법 고릉물향 배구물역 양북물종

銳卒勿攻, 餌兵勿食, 歸師勿遏, 圍師必闕,
예졸물공 이병물식 귀사물알 위사필궐

窮寇勿迫。此用兵之法也。
궁구물박 차용병지법야

故	연고 **고**	用	쓸 **용**	兵	군사 **병**
之	갈 **지**	法	법 **법**	高	높을 **고**
陵	큰 언덕 **릉**	勿	말 **물**	向	향할 **향**
背	등 **배**	丘	언덕 **구**	勿	말 **물**
逆	거스를 **역**	佯	거짓 **양**	北	북녘 **북**
勿	말 **물**	從	좇을 **종**	銳	날카로울 **예**
卒	군사 **졸**	勿	말 **물**	攻	칠 **공**
餌	먹이 **이**	兵	군사 **병**	勿	말 **물**
食	밥 **식**	歸	돌아갈 **귀**	師	잘 훈련된 군사 **사**
勿	말 **물**	遏	막을 **알**	圍	둘레 **위**
師	잘 훈련된 군사 **사**	必	반드시 **필**	闕	대궐 **궐**
窮	다할 **궁**	寇	도적 **구**	勿	말 **물**
迫	닥칠 **박**	此	이 **차**	用	쓸 **용**
兵	군사 **병**	之	갈 **지**	法	법 **법**

也	야(어조사)				

의역

적을 상대로 오르막길로 나아가지 않고, 적이 내리막길로 내려올 때 대항하지 않는 것이 기본 원칙입니다. 훈련 중인 적을 뒤쫓지 마십시오. 성미가 급한 군인을 공격하지 마십시오. 적이 내민 미끼를 삼키지 마십시오. 귀향하는 군인을 방해하지 마십시오. 군대를 포위할 때는 출구를 비워 두십시오. 절망적인 적을 너무 강하게 압박하지 마십시오. 이것이 바로 전쟁의 기술입니다.

제8장

구변
(九變)

전술 변화

8.1 君命不受 군명불수

원문

凡用兵之法, 將受命于君, 合軍聚衆, 圮地無舍,
범 용 병 지 법　장 수 명 우 군　합 군 취 중　비 지 무 사

衢地交合, 絶地無留, 圍地則謨, 死地則戰。
충 지 교 합　절 지 무 류　위 지 칙 모　사 지 칙 전

塗有所不由, 軍有所不擊, 城有所不攻,
도 유 소 불 유　군 유 소 불 격　성 유 소 불 공

地有所不爭, 君命有所不受。
지 유 소 부 쟁　군 명 유 소 불 수

凡	무릇 **범**	用	쓸 **용**	兵	군사 **병**
之	갈 **지**	法	법 **법**	將	장수 **장**
受	받을 **수**	命	명령 **명**	于	**우**(어조사)
君	임금 **군**	合	합할 **합**	軍	군사 **군**
聚	모일 **취**	衆	무리 **중**	圮	무너질 **비**
地	땅 **지**	無	없을 **무**	舍	집 **사**
衢	찌를 **충**	地	땅 **지**	交	사귈 **교**
合	합할 **합**	絶	끊을 **절**	地	땅 **지**
無	없을 **무**	留	머무를 **류**	圍	둘레 **위**
地	땅 **지**	則	법칙 **칙**	謨	꾀 **모**
死	죽을 **사**	地	땅 **지**	則	법칙 **칙**
戰	싸울 **전**	塗	진흙 **도**	有	있을 **유**

所	바 **소**	不	아닐 **불**	由	말미암을 **유**
軍	군사 **군**	有	있을 **유**	所	바 **소**
不	아닐 **불**	擊	부딪칠 **격**	城	성 **성**
有	있을 **유**	所	바 **소**	不	아닐 **불**
攻	칠 **공**	地	땅 **지**	有	있을 **유**
所	바 **소**	不	아닐 **부**	爭	다툴 **쟁**
君	임금 **군**	命	명령 **명**	有	있을 **유**
所	바 **소**	不	아닐 **불**	受	받을 **수**

의역

전쟁에서 장수는 통치자의 명령을 받아 군대를 모으고, 군대를 집중시킵니다. 땅이 좋지 않은 시골에 있을 때는 야영하지 마십시오. 시골에서는 높은 도로가 교차할 때 우군과 손을 잡으십시오. 위험할 정도로 격리된 위치에 머무르지 마십시오.

궁지에 몰린 상황에서는 특별한 전략을 사용해야 합니다. 절망적인 상황에서는 싸워야 합니다. 지켜야 할 길도 있고, 공격해서는 안 되는 군대도 있고, 뺏겨서는 안 되는 마을도 있고, 전투해서는 안 되는 위치도 있고, 복종해서는 안 되는 군주의 명령도 있습니다.

8.2 九變地利 구변지리

원문

故將通于九變之地利者, 知用兵矣;
고 장 통 우 구 변 지 지 리 자 지 용 병 의

將不通于九變之利者, 雖知地形,
장 불 통 우 구 변 지 리 자 수 지 지 형

不能得地之利矣。治兵不知九變之術,
불 능 득 지 지 리 의 치 병 부 지 구 변 지 술

雖知五利, 不能得人之用矣。
수 지 오 리 불 능 득 인 지 용 의

故	연고 **고**	將	장수 **장**	通	통할 **통**
于	**우**(어조사)	九	아홉 **구**	變	변할 **변**
之	갈 **지**	地	땅 **지**	利	이할 **리**
者	놈 **자**	知	알 **지**	用	쓸 **용**
兵	군사 **병**	矣	**의**(어조사)	將	장수 **장**
不	아닐 **불**	通	통할 **통**	于	**우**(어조사)
九	아홉 **구**	變	변할 **변**	之	갈 **지**
利	이할 **리**	者	놈 **자**	雖	비록 **수**
知	알 **지**	地	땅 **지**	形	모양 **형**
不	아닐 **불**	能	능할 **능**	得	얻을 **득**
地	땅 **지**	之	갈 **지**	利	이할 **리**

矣	**의**(어조사)	治	다스릴 **치**	兵	군사 **병**
不	아닐 **부**	知	알 **지**	九	아홉 **구**
變	변할 **변**	之	갈 **지**	術	꾀 **술**
雖	비록 **수**	知	알 **지**	五	다섯 **오**
利	이할 **리**	不	아닐 **불**	能	능할 **능**
得	얻을 **득**	人	사람 **인**	之	갈 **지**
用	쓸 **용**	矣	**의**(어조사)		

의역

다양한 전술에 수반되는 이점을 완벽하게 이해하는 장수는 자신의 군대를 다루는 방법을 알고 있습니다. 이것을 이해하지 못하는 장수는 지형의 구조에 대해 잘 알고 있을지 모르지만, 그 지식을 실용적으로 활용할 수 없을 것입니다.

그러므로 자신의 전술을 변화시키는 기술에 정통하지 못한 장수는 비록 다섯 가지 이점에 대해 잘 알고 있더라도 부하들을 최대한 활용하지 못할 것입니다.

8.3 必雜利害 필잡리해

원문

是故智者之慮, 必雜于利害。雜于利,
시 고 지 자 지 려 　 필 잡 우 리 해 　 잡 우 리

而務可信也; 雜于害, 而患可解也。
이 무 가 신 야 　 잡 우 해 　 이 환 가 해 야

是	옳을 **시**	故	연고 **고**	智	슬기 **지**
者	놈 **자**	之	갈 **지**	慮	생각할 **려**
必	반드시 **필**	雜	섞일 **잡**	于	**우**(어조사)
利	이할 **리**	害	해칠 **해**	雜	섞일 **잡**
于	**우**(어조사)	利	이할 **리**	而	말 이을 **이**
務	일 **무**	可	옳을 **가**	信	믿을 **신**
也	**야**(어조사)	雜	섞일 **잡**	于	**우**(어조사)
害	해칠 **해**	而	말 이을 **이**	患	근심 **환**
可	옳을 **가**	解	풀 **해**	也	**야**(어조사)

의역

그러므로 현명한 장수는 장점과 단점에 대한 고려가 함께 반영된 전술 전략을 세웁니다. 이처럼 목표를 조금 낮게 잡는다면 계획의 필수적인 부분을 성공적으로 달성할 수 있을 것입니다. 반면에

어려움 속에서도 반드시 목표를 달성하려고 노력한다면 패배에서 벗어날 수 있습니다.

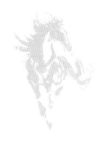

8.4 屈諸侯害 굴제후해

원문

是故屈諸侯者以害，役諸侯者以業，
시고굴제후자이해 역제후자이업

趨諸侯者以利。
추제후자이리

是	옳을 **시**	故	연고 **고**	屈	굽을 **굴**
諸	모든 **제**	侯	임금 **후**	者	놈 **자**
以	써 **이**	害	해칠 **해**	役	부릴 **역**
諸	모든 **제**	侯	임금 **후**	者	놈 **자**
以	써 **이**	業	업 **업**	趨	달릴 **추**
諸	모든 **제**	侯	임금 **후**	者	놈 **자**
以	써 **이**	利	이할 **리**		

의역

적국에 피해를 줌으로써 적국의 힘을 약화시키고, 그들에게 문제를 유발시키고, 그들을 지속적으로 신경을 쓰게 만듭니다. 달콤한 유혹의 미끼를 제시하여 그들이 달려들도록 만듭니다.

8.5 恃吾有待 시오유대

원문

故用兵之法, 無恃其不來, 恃吾有以待也;
고 용 병 지 법　무 시 기 불 래　시 오 유 이 대 야

無恃其不攻, 恃吾有所不可攻也。
무 시 기 불 공　시 오 유 소 불 가 공 야

故	연고 **고**	用	쓸 **용**	兵	군사 **병**
之	갈 **지**	法	법 **법**	無	없을 **무**
恃	믿을 **시**	其	그 **기**	不	아닐 **불**
來	올 **래**	恃	믿을 **시**	吾	나 **오**
有	있을 **유**	以	써 **이**	待	기다릴 **대**
也	**야**(어조사)	無	없을 **무**	恃	믿을 **시**
其	그 **기**	不	아닐 **불**	攻	칠 **공**
恃	믿을 **시**	吾	나 **오**	有	있을 **유**
所	바 **소**	不	아닐 **불**	可	옳을 **가**
攻	칠 **공**	也	**야**(어조사)		

의역

그러므로 병법은 적이 오지 않을 가능성에 의존하는 것이 아니라 적이 공격해 올 가능성을 예측하는 것을 가르칩니다. 또 병법

은 적이 공격하지 않을 가능성에 의존하는 것이 아니라 오히려 어떻게 하면 적들로 하여금 아군을 공격할 수 없게 만들 수 있는지를 가르칩니다.

8.6 將有五危 장유오위

원문

故將有五危：必死，可殺也；必生，可虜也；
고 장 유 오 위　필 사　가 살 야　필 생　가 로 야

忿速，可侮也；廉潔，可辱也；愛民，可煩也。
분 속　가 모 야　염 결　가 욕 야　애 민　가 번 야

凡此五者，將之過也，用兵之災也。覆軍殺將，
범 차 오 자　장 지 과 야　용 병 지 재 야　복 군 살 장

必以五危，不可不察也。
필 이 오 위　불 가 불 찰 야

故	연고 **고**	將	장수 **장**	有	있을 **유**
五	다섯 **오**	危	위태할 **위**	必	반드시 **필**
死	죽을 **사**	可	옳을 **가**	殺	죽일 **살**
也	**야**(어조사)	必	반드시 **필**	生	날 **생**
可	옳을 **가**	虜	포로 **로**	也	**야**(어조사)
忿	성낼 **분**	速	빠를 **속**	可	옳을 **가**
侮	업신여길 **모**	也	**야**(어조사)	廉	청렴할 **렴**
潔	깨끗할 **결**	可	옳을 **가**	辱	욕되게 할 **욕**
也	**야**(어조사)	愛	사랑 **애**	民	백성 **민**
可	옳을 **가**	煩	괴로워할 **번**	也	**야**(어조사)
凡	무릇 **범**	此	이 **차**	五	다섯 **오**

者	놈 **자**	將	장수 **장**	之	갈 **지**
過	지날 **과**	也	**야**(어조사)	用	쓸 **용**
兵	군사 **병**	之	갈 **지**	災	재앙 **재**
也	**야**(어조사)	覆	뒤집힐 **복**	軍	군사 **군**
殺	죽일 **살**	將	장수 **장**	必	반드시 **필**
以	써 **이**	五	다섯 **오**	危	위태할 **위**
不	아닐 **불**	可	옳을 **가**	不	아닐 **불**
察	살필 **찰**	也	**야**(어조사)		

의역

장수의 리더십에 악영향을 미칠 수 있는 다섯 가지 위험한 성질이 있습니다. 즉 (1) 대담함이 지나친 무모함(Recklessness), (2) 두려움이 지나친 비겁함(Cowardice), (3) 모욕에 참지 못하는 성급함(Hasty temper provoked by insults), (4) 수치심을 참지 못하는 과도한 자부심(Delicacy of honor sensitive to shame), (5) 과도한 걱정과 두려움(Excessive anxiety and fear)입니다.

이들 성질은 전쟁 작전에 치명적인 장수의 다섯 가지 결점입니다. 전쟁에서 패배하고 장수가 죽임을 당하는 일이 생기면 반드시 이 다섯 가지 위험한 요소가 원인임을 발견하게 될 것입니다. 이 다섯 가지는 장수가 피해야 할 성질입니다.

행군
(行軍)

전술 행군

9.1 處軍相敵 처군상적

원문

凡處軍相敵：絶山依谷，視生處高，戰隆無登，
범처군상적 절산의곡 시생처고 전륭무등

此處山之軍也。絶水必遠水；客絶水而來，
차처산지군야 절수필원수 객절수이래

勿迎之于水內，令半濟而擊之，利；欲戰者，
물영지우수내 영반제이격지 이 욕전자

無附于水而迎客；視生處高，無迎水流，
무부우수이영객 시생처고 무영수류

此處水上之軍也。絶斥澤，唯亟去無留；
차처수상지군야 절척택 유극거무류

若交軍于澤之中，必依水草而背衆樹，
약교군우택지중 필의수초이배중수

此處斥澤之軍也。平陸處易而右背高，
차처척택지군야 평륙처이이우배고

前死後生，此處平陸之軍也。凡此四軍之利，
전사후생 차처평륙지군야 범차사군지리

黃帝之所以勝四帝也。
황제지소이승사제야

凡	무릇 **범**	處	살 **처**	軍	군사 **군**
相	서로 **상**	敵	원수 **적**	絶	끊을 **절**
山	뫼 **산**	依	의지할 **의**	谷	골 **곡**
視	볼 **시**	生	날 **생**	處	살 **처**
高	높을 **고**	戰	싸울 **전**	隆	클 **륭**
無	없을 **무**	登	오를 **등**	此	이 **차**
處	살 **처**	山	뫼 **산**	之	갈 **지**
軍	군사 **군**	也	**야**(어조사)	絶	끊을 **절**
水	물 **수**	必	반드시 **필**	遠	멀 **원**
水	물 **수**	客	손 **객**	絶	끊을 **절**
水	물 **수**	而	말 이을 **이**	來	올 **래**
勿	말 **물**	迎	맞이할 **영**	之	갈 **지**
于	**우**(어조사)	水	물 **수**	內	안 **내**
令	영 **령**	半	반 **반**	濟	건널 **제**
而	말 이을 **이**	擊	부딪칠 **격**	之	갈 **지**
利	이할 **리**	欲	하고자 할 **욕**	戰	싸울 **전**
者	놈 **자**	無	없을 **무**	附	붙을 **부**
于	**우**(어조사)	水	물 **수**	而	말 이을 **이**
迎	맞이할 **영**	客	손 **객**	視	볼 **시**
生	날 **생**	處	살 **처**	高	높을 **고**
無	없을 **무**	迎	맞이할 **영**	水	물 **수**
流	흐를 **류**	此	이 **차**	處	살 **처**
水	물 **수**	上	위 **상**	之	갈 **지**
軍	군사 **군**	也	**야**(어조사)	絶	끊어질 **절**
斥	물리칠 **척**	澤	못 **택**	唯	오직 **유**
亟	빠를 **극**	去	갈 **거**	無	없을 **무**
留	머무를 **류**	若	같을 **약**	交	사귈 **교**
軍	군사 **군**	于	**우**(어조사)	澤	못 **택**
之	갈 **지**	中	가운데 **중**	必	반드시 **필**
依	의지할 **의**	水	물 **수**	草	풀 **초**
而	말 이을 **이**	背	등 **배**	衆	무리 **중**

樹	나무 **수**	此	이 **차**	處	살 **처**
斥	물리칠 **척**	澤	못 **택**	之	갈 **지**
軍	군사 **군**	也	**야**(어조사)	平	평평할 **평**
陸	뭍 **륙**	處	살 **처**	易	쉬울 **이**
而	말 이을 **이**	右	오른쪽 **우**	背	등 **배**
高	높을 **고**	前	앞 **전**	死	죽을 **사**
後	뒤 **후**	生	날 **생**	此	이 **차**
處	살 **처**	平	평평할 **평**	陸	뭍 **륙**
之	갈 **지**	軍	군사 **군**	也	**야**(어조사)
凡	무릇 **범**	此	이 **차**	四	넉 **사**
軍	군사 **군**	之	갈 **지**	利	이할 **리**
黃	누를 **황**	帝	임금 **제**	之	갈 **지**
所	바 **소**	以	써 **이**	勝	이길 **승**
四	넉 **사**	帝	임금 **제**	也	**야**(어조사)

의역

이제 적진을 치고 적의 징후를 관찰하는 문제에 도달했습니다. 산을 행군할 때는 빠르게 넘고 계곡 옆을 유지하면서 지나갑니다. 주둔지는 높은 곳에서 태양을 향해 만듭니다. 싸우기 위해 높은 곳에 올라가지 마십시오. 이것이 산악전에 관한 기술입니다.

강을 건넌 후에는 강에서 멀리 떨어져 있어야 합니다. 적군이 강을 건너고 있을 때 중간에서 적을 만나지 않도록 진격하지 마십시오. 군대의 절반을 통과시킨 다음 공격을 수행하는 것이 가장 좋습니다. 만약 적과 싸우고 싶다면 적군이 건너야 하는 강 근처로 가서 대치하지 말아야 합니다. 주둔지는 태양을 향해 솟아오른 땅 위에 만들어야 합니다. 적을 만나기 위해 상류로 이동하지 마십시오. 이것이 강에 관한 기술입니다.

염분이 많은 습지를 건널 때는 가능한 한 빨리 그곳을 벗어나야 합니다. 염습지에서 싸워야 한다면 근처 등 뒤에 수풀 더미가 있는 곳이 좋습니다. 이것이 염습지에서의 기술입니다.

건조하고 평평한 지역에서는 전방에 적을 두고 뒤쪽은 안전하게 지키면서 오른쪽과 뒤쪽에 솟아있는 땅에서 쉽게 접근할 수 있는 위치를 잡으십시오. 이것이 평지에서의 기술입니다. 이것들은 네 가지 유용한 군사 지식입니다.

9.2 兵利地助 병리지조

원문

凡軍好高而惡下, 貴陽而賤陰, 養生而處實,
범 군 호 고 이 악 하 귀 양 이 천 음 양 생 이 처 실

軍五百疾, 是謂必勝, 丘陵堤防,
군 오 백 질 시 위 필 승 구 릉 제 방

必處其陽而右背之, 此兵之利, 地之助也。上雨,
필 처 기 양 이 우 배 지 차 병 지 리 지 지 조 야 상 우

水沫至, 欲涉者, 待其定也。
수 말 지 욕 섭 자 대 기 정 야

凡	무릇 **범**	軍	군사 **군**	好	좋을 **호**
高	높을 **고**	而	말 이을 **이**	惡	악할 **악**
下	아래 **하**	貴	귀할 **귀**	陽	볕 **양**
而	말 이을 **이**	賤	천할 **천**	陰	응달 **음**
養	기를 **양**	生	날 **생**	而	말 이을 **이**
處	살 **처**	實	열매 **실**	軍	군사 **군**
五	다섯 **오**	百	일백 **백**	疾	병 **질**
是	옳을 **시**	謂	이를 **위**	必	반드시 **필**
勝	이길 **승**	丘	언덕 **구**	陵	큰 언덕 **릉**
堤	둑 **제**	防	둑 **방**	必	반드시 **필**
處	살 **처**	其	그 **기**	陽	볕 **양**
而	말 이을 **이**	右	오른쪽 **우**	背	등 **배**

之	갈 **지**	此	이 **차**	兵	군사 **병**
之	갈 **지**	利	이할 **리**	地	땅 **지**
之	갈 **지**	助	도울 **조**	也	**야**(어조사)
上	위 **상**	雨	비 **우**	水	물 **수**
沫	거품 **말**	至	이를 **지**	欲	하고자 할 **욕**
涉	건널 **섭**	者	놈 **자**	待	기다릴 **대**
其	그 **기**	定	정할 **정**	也	**야**(어조사)

의역

모든 군대는 낮은 곳보다 높은 곳을, 어두운 곳보다 햇빛이 잘 드는 곳을 선호합니다. 만약 마르고 단단한 땅에서 진을 친다면 군대는 모든 종류의 질병으로부터 자유로울 것이고, 이것은 승리를 의미할 것입니다.

언덕이나 둑에 진을 칠 때는 오른쪽 뒤쪽에 경사면을 두고 양지쪽을 차지하십시오. 그리하여 긴급 상황에서 병사들이 안전을 위해 즉시 행동할 수 있고 지상의 자연적인 이점을 활용할 수 있을 것입니다. 폭우로 인해 건너려는 강이 범람하여 거품이 끼었을 때는 거품이 가라앉을 때까지 기다려야 합니다.

9.3 軍行險阻 군행험조

원문

凡地有絶澗、天井、天牢、天羅、天陷、天隙,
범 지 유 절 간 천 정 천 뢰 천 라 천 함 천 극

必亟去之, 勿近也。吾遠之, 敵近之; 吾迎之,
필 극 거 지 물 근 야 오 원 지 적 근 지 오 영 지

敵背之。軍行有險阻、潢井葭葦、山林翳薈者,
적 배 지 군 행 유 험 조 황 정 가 위 산 림 예 회 자

必謹復索之, 此伏奸之所處也。
필 근 복 색 지 차 복 간 지 소 처 야

凡	무릇 **범**	地	땅 **지**	有	있을 **유**
絶	끊을 **절**	澗	계곡 시내 **간**	天	하늘 **천**
井	우물 **정**	天	하늘 **천**	牢	우리 **뢰**
天	하늘 **천**	羅	새그물 **라**	天	하늘 **천**
陷	빠질 **함**	天	하늘 **천**	隙	틈 **극**
必	반드시 **필**	亟	빠를 **극**	去	갈 **거**
之	갈 **지**	勿	말 **물**	近	가까울 **근**
也	**야**(어조사)	吾	나 **오**	遠	멀 **원**
之	갈 **지**	敵	원수 **적**	近	가까울 **근**
之	갈 **지**	吾	나 **오**	迎	맞이할 **영**
之	갈 **지**	敵	원수 **적**	背	등 **배**
之	갈 **지**	軍	군사 **군**	行	갈 **행**

有	있을 **유**	險	험할 **험**	阻	막힐 **조**
潢	웅덩이 **황**	井	우물 **정**	葭	갈대 **가**
葦	갈대 **위**	山	뫼 **산**	林	수풀 **림**
翳	깃 일산 **예**	薈	무성할 **회**	者	놈 **자**
必	반드시 **필**	謹	삼갈 **근**	復	돌아올 **복**
索	찾을 **색**	之	갈 **지**	此	이 **차**
伏	엎드릴 **복**	奸	간사할 **간**	之	갈 **지**
所	바 **소**	處	살 **처**	也	**야**(어조사)

의역

급류가 흐르는 계곡, 깊은 자연의 움푹 팬 곳, 꽉 막힌 곳, 뒤엉킨 덤불, 수렁과 절벽이 있는 곳은 가능한 한 빨리 떠나 접근하지 말아야 합니다. 아군이 그런 곳을 멀리하는 동안에 적들이 그 곳으로 접근하도록 만들어야 합니다.

아군이 적들을 마주하는 동안에 적들이 그런 곳의 뒤에 위치하도록 만드는 것이 좋습니다. 진영 근처에 언덕이 많은 곳, 수초로 둘러싸인 연못, 갈대로 가득 찬 속이 빈 분지, 무성한 덤불이 있는 숲이 있는지 조심해서 살펴야 합니다. 이곳에는 복병이나 음흉한 간첩이 숨어 있을 가능성이 큰 곳이기 때문입니다.

9.4 諄諄翕翕 순순흡흡

원문

敵近而靜者, 恃其險也; 遠而挑戰者,
적근이정자 시기험야 원이도전자

欲人之進也; 其所居易者, 利也。衆樹動者,
욕인지진야 기소거이자 이야 중수동자

來也; 衆草多障者, 疑也; 鳥起者, 伏也;
내야 중초다장자 의야 조기자 복야

獸駭者, 覆也。塵高而銳者, 車來也; 卑而廣者,
수해자 복야 진고이예자 차래야 비이광자

徒來也; 散而條達者, 樵采也; 少而往來者,
도래야 산이조달자 초채야 소이왕래자

營軍也。辭卑而益備者, 進也; 辭强而進驅者,
영군야 사비이익비자 진야 사강이진구자

退也; 經車先出居其側者, 陳也; 無約而請和者,
퇴야 경차선출거기측자 진야 무약이청화자

謨也; 奔走而陳兵車者, 期也; 半進半退者,
모야 분주이진병차자 기야 반진반퇴자

誘也。杖而立者, 饑也; 汲而先飮者, 渴也;
유야 장이립자 기야 급이선음자 갈야

見利而不進者, 勞也。鳥集者, 虛也; 夜呼者,
견리이부진자 노야 조집자 허야 야호자

恐也；軍擾者，將不重也；旌旗動者，亂也；
공야 군요자 장부중야 정기동자 난야

吏怒者，倦也；粟馬肉食，軍無懸缻，不返其舍者，
이로자 권야 속마육식 군무현부 불반기사자

窮寇也；諄諄翕翕，徐與人言者，失衆也；
궁구야 순순흡흡 서여인언자 실중야

數賞者，窘也；數罰者，困也；先暴而後畏其衆者，
수상자 군야 수벌자 곤야 선폭이후외기중자

不精之至也；來委謝者，欲休息也。
부정지지야 내위사자 욕휴식야

敵	원수 **적**	近	가까울 **근**	而	말 이을 **이**
靜	고요할 **정**	者	놈 **자**	恃	믿을 **시**
其	그 **기**	險	험할 **험**	也	**야**(어조사)
遠	멀 **원**	而	말 이를 **이**	挑	휠 **도**
戰	싸울 **전**	者	놈 **자**	欲	하고자 할 **욕**
人	사람 **인**	之	갈 **지**	進	나아갈 **진**
也	**야**(어조사)	其	그 **기**	所	바 **소**
居	있을 **거**	易	쉬울 **이**	者	놈 **자**
利	이할 **리**	也	**야**(어조사)	衆	무리 **중**
樹	나무 **수**	動	움직일 **동**	者	놈 **자**
來	올 **래**	也	**야**(어조사)	衆	무리 **중**
草	풀 **초**	多	많을 **다**	障	가로막을 **장**
者	놈 **자**	疑	의심할 **의**	也	**야**(어조사)
鳥	새 **조**	起	일어날 **기**	者	놈 **자**
伏	엎드릴 **복**	也	**야**(어조사)	獸	짐승 **수**
駭	놀랄 **해**	者	놈 **자**	覆	뒤집힐 **복**
也	**야**(어조사)	塵	티끌 **진**	高	높을 **고**
而	말 이을 **이**	銳	날카로울 **예**	者	놈 **자**

車	수레 **차**	來	올 **래**	也	**야**(어조사)
卑	낮을 **비**	而	말 이을 **이**	廣	넓을 **광**
者	놈 **자**	徒	무리 **도**	來	올 **래**
也	**야**(어조사)	散	흩을 **산**	而	말 이을 **이**
條	가지 **조**	達	통달할 **달**	者	놈 **자**
樵	땔나무 **초**	采	캘 **채**	也	**야**(어조사)
少	적을 **소**	而	말 이을 **이**	往	갈 **왕**
來	올 **래**	者	놈 **자**	營	경영할 **영**
軍	군사 **군**	也	**야**(어조사)	辭	말 **사**
卑	낮을 **비**	而	말 이을 **이**	益	더할 **익**
備	갖출 **비**	者	놈 **자**	進	나아갈 **진**
也	**야**(어조사)	辭	말 **사**	强	굳셀 **강**
而	말 이을 **이**	進	나아갈 **진**	驅	몰 **구**
者	놈 **자**	退	물러날 **퇴**	也	**야**(어조사)
經	날 **경**	車	수레 **차**	先	먼저 **선**
出	날 **출**	居	있을 **거**	其	그 **기**
側	곁 **측**	者	놈 **자**	陳	늘어놓을 **진**
也	**야**(어조사)	無	없을 **무**	約	묶을 **약**
而	말 이을 **이**	請	청할 **청**	和	화할 **화**
者	놈 **자**	謨	꾀 **모**	也	**야**(어조사)
奔	달릴 **분**	走	달릴 **주**	而	말 이을 **이**
陳	늘어놓을 **진**	兵	군사 **병**	車	수레 **차**
者	놈 **자**	期	기약할 **기**	也	**야**(어조사)
半	반 **반**	進	나아갈 **진**	半	반 **반**
退	물러날 **퇴**	者	놈 **자**	誘	꾈 **유**
也	**야**(어조사)	杖	지팡이 **장**	而	말 이을 **이**
立	설 **립**	者	놈 **자**	饑	주릴 **기**
也	**야**(어조사)	汲	길을 **급**	而	말 이을 **이**
先	먼저 **선**	飮	마실 **음**	者	놈 **자**
渴	목마를 **갈**	也	**야**(어조사)	見	볼 **견**
利	이할 **리**	而	말 이을 **이**	不	아닐 **부**

進	나아갈 **진**	者	놈 **자**	勞	일할 **로**
也	**야**(어조사)	鳥	새 **조**	集	모일 **집**
者	놈 **자**	虛	빌 **허**	也	**야**(어조사)
夜	밤 **야**	呼	부를 **호**	者	놈 **자**
恐	두려울 **공**	也	**야**(어조사)	軍	군사 **군**
擾	시끄러울 **요**	者	놈 **자**	將	장수 **장**
不	아닐 **부**	重	무거울 **중**	也	**야**(어조사)
旌	기 **정**	旗	기 **기**	動	움직일 **동**
者	놈 **자**	亂	어지러울 **란**	也	**야**(어조사)
吏	벼슬아치 **리**	怒	성낼 **노**	者	놈 **자**
倦	게으를 **권**	也	**야**(어조사)	粟	조 **속**
馬	말 **마**	肉	고기 **육**	食	밥 **식**
軍	군사 **군**	無	없을 **무**	懸	매달 **현**
缻	질장군 **부**	不	아닐 **불**	返	돌아올 **반**
其	그 **기**	舍	집 **사**	者	놈 **자**
窮	다할 **궁**	寇	도적 **구**	也	**야**(어조사)
諄	타이를 **순**	諄	타이를 **순**	翕	합할 **흡**
翕	합할 **흡**	徐	천천할 **서**	與	줄 **여**
人	사람 **인**	言	말씀 **언**	者	놈 **자**
失	잃을 **실**	衆	무리 **중**	也	**야**(어조사)
數	셀 **수**	賞	상줄 **상**	者	놈 **자**
宭	여럿이 살 **군**	也	**야**(어조사)	數	셀 **수**
罰	죄 **벌**	者	놈 **자**	困	괴로울 **곤**
也	**야**(어조사)	先	먼저 **선**	暴	사나울 **폭**
而	말 이을 **이**	後	뒤 **후**	畏	두려워 할 **외**
其	그 **기**	衆	무리 **중**	者	놈 **자**
不	아닐 **부**	精	찧을 **정**	之	갈 **지**
至	이를 **지**	也	**야**(어조사)	來	올 **래**
委	맡길 **위**	謝	사례할 **사**	者	놈 **자**
欲	하고자 할 **욕**	休	쉴 **휴**	息	숨쉴 **식**
也	**야**(어조사)				

의역

적들이 가까이 다가와 있는데도 조용할 때는 숨어서 주변 자연 환경의 이점을 활용하고 있다는 것을 의미합니다. 적들이 거리를 유지하면서 싸움을 벌이려 할 때는 적들이 다른 쪽에서 전진하기를 원하는 술책입니다. 만약 적의 주둔지가 접근하기 쉬운 곳에 위치하고 있다면 숲의 나무들 사이로 쉽게 이동할 수 있는 이점을 활용하여 전진하려는 술책입니다.

적들이 무성한 풀숲 속에 여러 가지 장면을 연출한다면 적들이 아군을 의심하게 만들고 싶어 한다는 뜻입니다. 새들이 날아오르는 것은 적들의 매복 공격이 있다는 징후입니다. 짐승들이 놀라 달아난다면 적들이 대규모로 기습 공격을 해 오고 있음을 나타냅니다. 높은 기둥 모양의 먼지가 피어오른다면 적들의 전차가 전진하는 신호입니다. 먼지가 낮지만 넓은 지역에 퍼진다면 보병의 전진을 말합니다. 먼지가 다른 방향으로 갈라지면 땔감을 모으기 위해 군사들이 보내졌다는 것을 뜻합니다. 먼지구름이 조금 생기는 것은 군대가 진을 치고 있다는 것을 의미합니다.

조용조용한 말소리와 강도 높은 준비는 곧 적이 진격할 것이라는 신호입니다. 공격하려는 듯 거친 말투와 앞으로 돌진하는 모습은 퇴각의 신호탄입니다. 전차가 먼저 나와 옆구리에 자리를 잡으면 적이 전투를 위해 진을 형성하고 있다는 신호입니다. 서약이 없는 평화 제안은 음모를 암시합니다. 대열에 군사들이 뛰어서 끼면 결정적인 공격의 순간이 왔다는 것을 의미합니다.

어떤 군사는 전진하고 어떤 군사는 후퇴하는 것이 보일 때 그것은 미끼입니다. 군사들이 어딘가에 기대어 서 있을 때는 배가 고파 기진맥진한 것입니다. 물을 길어오라고 파견된 병사들이 먼저 마시는 것으로 시작한다면 군사들이 갈증에 시달리고 있다는 증거입니다.

만약 적들이 눈앞의 이득을 보고도 그것을 확보하려고 노력하지 않는다면 병사들은 지칠 대로 지쳐 있는 것입니다. 만약 새들이 어느 곳에 모이면 그 지점이 비어 있다는 뜻입니다. 밤에는 떠들썩함이 드뭅니다. 그럼에도 불구하고 진영에 소요가 발생하면 장수의 권위가 약하다는 뜻입니다. 깃발이 옮겨진다면 선동이 일어나고 있는 징조입니다. 만약 장교들이 화가 나 있다면 군사들이 지쳤다는 것을 의미합니다.

말에게 곡식을 먹이고, 군사들이 진영으로 돌아가지 않을 듯이 행동하고, 취사도구를 주둔지에 걸지 않고, 야윈 말들을 잡아먹는 것은 적들이 죽을 때까지 싸우기로 결심했다는 것을 나타냅니다. 군사들이 작은 목소리로 속삭이거나 속이는 어조로 말하는 모습은 계급과 대열에 불만을 나타내는 것입니다.

보상이 너무 잦다는 것은 적들이 자원을 거의 소진하고 있다는 것을 의미합니다. 너무 많은 처벌이 행해지고 있다는 것은 내부에서 배반이 일어날 징조입니다. 처음에는 허풍으로 시작하지만, 나중에는 계급과 대열을 두려워한다는 것은 적의 장수가 극도로 지능이 부족하다는 것을 보여줍니다. 사신들이 입에 칭찬의 말을 달고 보내질 때는 적들이 휴전을 원한다는 신호입니다.

9.5 必謹察之 필근찰지

원문

兵怒而相迎, 久而不合, 又不相去, 必謹察之。
병노이상영 구이불합 우불상거 필근찰지

兵	군사 **병**	怒	성낼 **노**	而	말 이을 **이**
相	서로 **상**	迎	맞이할 **영**	久	오랠 **구**
而	말 이을 **이**	不	아닐 **불**	合	합할 **합**
又	또 **우**	不	아닐 **불**	相	서로 **상**
去	갈 **거**	必	반드시 **필**	謹	삼갈 **근**
察	살필 **찰**	之	갈 **지**		

의역

적군이 화를 내며 진격해 와서는 전투를 시작하지도 그만두지도 않고 오랜 기간 아군과 대치하고 있다면 엄청난 경계와 신중함이 요구되는 상황입니다.

9.6 兵非益多 병비익다

원문

兵非益多也, 惟無武進, 足以并力、料敌、
병 비 익 다 야 　 유 무 무 진 　 족 이 병 력 　 요 고

取人而已。夫惟無慮而易敵者, 必擒于人。
취 인 이 기 　 부 유 무 려 이 이 적 자 　 필 금 우 인

兵	군사 **병**	非	아닐 **비**	益	더할 **익**
多	많을 **다**	也	**야**(어조사)	惟	생각할 **유**
無	없을 **무**	武	굳셀 **무**	進	나아갈 **진**
足	달릴 **족**	以	써 **이**	并	어우를 **병**
力	힘 **력**	料	되질할 **료**	故	연고 **고**
取	취할 **취**	人	사람 **인**	而	말 이을 **이**
己	자기 **기**	夫	지아비 **부**	惟	생각할 **유**
無	없을 **무**	慮	생각할 **려**	而	말 이을 **이**
易	쉬울 **이**	敵	원수 **적**	者	놈 **자**
必	반드시 **필**	擒	사로잡을 **금**	于	**우**(어조사)
人	사람 **인**				

의역

군사의 숫자가 많으면 많을수록 유리하다는 것이 반드시 사실은 아닙니다. 아군이 할 수 있는 것은 그저 성급한 적의 진격을

막고, 가능한 한 모든 전력을 집중하며, 적을 면밀히 감시하고, 아군의 기세(氣勢)를 드높이는 것입니다. 미리 생각하지 않고 적을 가볍게 여기는 장수는 반드시 적에게 패하고 말 것입니다.

9.7 素行教民 소행교민

원문

卒未親附而罰之, 則不服, 不服則難用也;
졸 미 친 부 이 벌 지 칙 불 복 불 복 칙 난 용 야

卒已親附而罰不行, 則不可用也。故令之以文,
졸 기 친 부 이 벌 불 행 칙 불 가 용 야 고 령 지 이 문

齊之以武, 是謂必取。令素行以教其民,
제 지 이 무 시 위 필 취 영 소 행 이 교 기 민

則民服; 令素不行以教其民, 則民不服。
칙 민 복 영 소 불 행 이 교 기 민 칙 민 불 복

令素行者, 與衆相得也。
영 소 행 자 여 중 상 득 야

卒	군사 **졸**	未	아닐 **미**	親	친할 **친**
附	붙을 **부**	而	말 이을 **이**	罰	죄 **벌**
之	갈 **지**	則	법칙 **칙**	不	아닐 **불**
服	옷 **복**	不	아닐 **불**	服	옷 **복**
則	법칙 **칙**	難	어려울 **난**	用	쓸 **용**
也	**야**(어조사)	卒	군사 **졸**	已	자기 **기**
親	친할 **친**	附	붙을 **부**	而	말 이을 **이**
罰	죄 **벌**	不	아닐 **불**	行	갈 **행**
則	법칙 **칙**	不	아닐 **불**	可	옳을 **가**

用	쓸 **용**	也	**야**(어조사)	故	연고 **고**
令	영 **령**	之	갈 **지**	以	써 **이**
文	글월 **문**	齊	가지런할 **제**	之	갈 **지**
以	써 **이**	武	굳셀 **무**	是	옳을 **시**
謂	이를 **위**	必	반드시 **필**	取	취할 **취**
令	영 **령**	素	흴 **소**	行	갈 **행**
以	써 **이**	教	가르침 **교**	其	그 **기**
民	백성 **민**	則	법칙 **칙**	民	백성 **민**
服	옷 **복**	令	영 **령**	素	흴 **소**
不	아닐 **불**	行	갈 **행**	以	써 **이**
教	가르침 **교**	其	그 **기**	民	백성 **민**
則	법칙 **칙**	民	백성 **민**	不	아닐 **불**
服	옷 **복**	令	영 **령**	素	흴 **소**
行	갈 **행**	者	놈 **자**	與	줄 **여**
衆	무리 **중**	相	서로 **상**	得	얻을 **득**
也	**야**(어조사)				

의역

군사들이 장수에게 아직 정이 들기 전에 어떤 처벌을 받는다면 그들은 장수를 따르지 않을 것입니다. 군사들이 명령을 잘 따르지 않는다면 실질적으로 쓸모가 없습니다. 반면에 군사들이 부대에 애착을 갖게 되었을 때 어떤 잘못도 처벌하지 않는다면 그들은 여전히 쓸모가 없을 것입니다.

그러므로 군사들은 우선 인간적인 대우를 받아야 하지만 엄격한 규율을 통해 통제되어야 합니다. 이것은 승리로 가는 확실한 길입니다. 훈련에서 군사들에게 명령이 항상 시행되면 군대는 잘 훈련될 것이고, 그렇지 않으면 군대의 규율이 나쁘다는 것입니다. 명령이 항상 지켜진다는 것은 장수와 부하들의 사이가 좋다는 것이기 때문입니다.

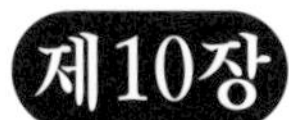

지형
(地形)

주변 환경

10.1 地形六者 지형육자

원문

地形有通者, 有挂者, 有支者, 有隘者, 有險者,
지형유통자 유괘자 유지자 유애자 유험자
有遠者。我可以往, 彼可以來, 曰通; 通形者,
유원자 아가이왕 피가이래 왈통 통형자
先居高陽, 利糧道, 以戰則利。可以往, 難以返,
선거고양 이량도 이전칙리 가이왕 난이반
曰挂; 挂形者, 敵無備, 出而勝之; 敵若有備,
왈괘 괘형자 적무비 출이승지 적약유비
出而不勝, 難以返, 不利。我出而不利,
출이부승 난이반 불리 아출이불리
彼出而不利, 曰支; 支形者, 敵雖利我,
피출이불리 왈지 지형자 적수리아
我無出也; 引而去之, 令敵半出而擊之,
아무출야 인이거지 영적반출이격지
利。隘形者, 我先居之, 必盈之以待敵;
이 애형자 아선거지 필영지이대적
若敵先居之, 盈而勿從, 不盈而從之。險形者,
약적선거지 영이물종 불영이종지 험형자
我先居之, 必居高陽以待敵; 若敵先居之,
아선거지 필거고양이대적 약적선거지

引而去之，勿從也。遠形者，勢均難以挑戰，
인이거지 물종야 원형자 세균난이도전

戰而不利。凡此六者，地之道也，將之至任，
전이불리 범차육자 지지도야 장지지임

不可不察也。
불가불찰야

地	땅 지	形	모양 형	有	있을 유
通	통할 통	者	놈 자	有	있을 유
挂	걸 괘	者	놈 자	有	있을 유
支	가를 지	者	놈 자	有	있을 유
隘	좁을 애	者	놈 자	有	있을 유
險	험할 험	者	놈 자	有	있을 유
遠	멀 원	者	놈 자	我	나 아
可	옳을 가	以	써 이	往	갈 왕
彼	저 피	可	옳을 가	以	써 이
來	올 래	曰	가로 왈	通	통할 통
通	통할 통	形	모양 형	者	놈 자
先	먼저 선	居	있을 거	高	높을 고
陽	볕 양	利	이할 리	糧	양식 량
道	길 도	以	써 이	戰	싸울 전
則	법칙 칙	利	이할 리	可	옳을 가
以	써 이	往	갈 왕	難	어려울 난
以	써 이	返	돌아올 반	曰	가로 왈
挂	걸 괘	挂	걸 괘	形	모양 형
者	놈 자	敵	원수 적	無	없을 무
備	갖출 비	出	날 출	而	말 이을 이
勝	이길 승	之	갈 지	敵	원수 적
若	같을 약	有	있을 유	備	갖출 비
出	날 출	而	말 이을 이	不	아닐 부

勝	이길 **승**	難	어려울 **난**	以	써 **이**
返	돌아올 **반**	不	아닐 **불**	利	이할 **리**
我	나 **아**	出	날 **출**	而	말 이을 **이**
不	아닐 **불**	利	이할 **리**	彼	저 **피**
出	날 **출**	而	말 이을 **이**	不	아닐 **불**
利	이할 **리**	曰	가로 **왈**	支	가를 **지**
支	가를 **지**	形	모양 **형**	者	놈 **자**
敵	원수 **적**	雖	비록 **수**	利	이할 **리**
我	나 **아**	我	나 **아**	無	없을 **무**
出	날 **출**	也	**야**(어조사)	引	끌 **인**
而	말 이을 **이**	去	갈 **거**	之	갈 **지**
令	영 **령**	敵	원수 **적**	半	반 **반**
出	날 **출**	而	말 이을 **이**	擊	부딪칠 **격**
之	갈 **지**	利	이할 **리**	隘	좁을 **애**
形	모양 **형**	者	놈 **자**	我	나 **아**
先	먼저 **선**	居	있을 **거**	之	갈 **지**
必	반드시 **필**	盈	찰 **영**	之	갈 **지**
以	써 **이**	待	기다릴 **대**	敵	원수 **적**
若	같을 **약**	敵	원수 **적**	先	먼저 **선**
居	있을 **거**	之	갈 **지**	盈	찰 **영**
而	말 이을 **이**	勿	말 **물**	從	좇을 **종**
不	아닐 **불**	盈	찰 **영**	而	말 이을 **이**
從	좇을 **종**	之	갈 **지**	險	험할 **험**
形	모양 **형**	者	놈 **자**	我	나 **아**
先	먼저 **선**	居	있을 **거**	之	갈 **지**
必	반드시 **필**	居	있을 **거**	高	높을 **고**
陽	볕 **양**	以	써 **이**	待	기다릴 **대**
敵	원수 **적**	若	같을 **약**	敵	원수 **적**
先	먼저 **선**	居	있을 **거**	之	갈 **지**
引	끌 **인**	而	말 이을 **이**	去	갈 **거**
之	갈 **지**	勿	말 **물**	從	좇을 **종**

也	**야**(어조사)	遠	멀 **원**	形	모양 **형**
者	놈 **자**	勢	기세 **세**	均	고를 **균**
難	어려울 **난**	以	써 **이**	挑	휠 **도**
戰	싸울 **전**	戰	싸울 **전**	而	말 이을 **이**
不	아닐 **불**	利	이할 **리**	凡	무릇 **범**
此	이 **차**	六	여섯 **육**	者	놈 **자**
地	땅 **지**	之	갈 **지**	道	길 **도**
也	**야**(어조사)	將	장수 **장**	之	갈 **지**
至	이를 **지**	任	맡길 **임**	不	아닐 **불**
可	옳을 **가**	不	아닐 **불**	察	살필 **찰**
也	**야**(어조사)				

의역

지형(地形)에는 여섯 가지 종류가 있습니다. 즉 (1) 접근 가능한 지형(Accessible Ground), (2) 얽히고설킨 지형(Entangling Ground), (3) 일시적인 지형(Temporizing Ground), (4) 좁은 통로(Narrow Passes), (5) 가파른 언덕(Precipitious Ground), (6) 적으로부터 먼 거리에 있는 위치(Remote Ground)를 말합니다.

자유롭게 지나다닐 수 있는 사통팔달(四通八達)의 지형을 '접근 가능한 지형'이라고 합니다. 이런 성질의 지형에 관해서는 높고 양지바른 곳을 점령하고 주의하여 적으로부터 보급선을 지키십시오. 그러면 당신은 유리하게 싸울 수 있을 것입니다.

쉽게 도달할 수 있지만 되돌아 찾기 어려운 미로 같은 지형을 '얽히고설킨 지형'이라고 합니다. 이런 곳에서는 적이 준비가 안 되어 있다면 달려나가 적을 물리칠 수 있습니다. 그러나 적들이 이곳을 차지하여 아군을 맞을 준비가 되어 있고, 아군이 적들을 물리치지 못한다면 아군은 안전한 곳으로 철수할 수 없을 것입니다.

어느 쪽도 첫 번째 전투에서 이득을 얻지 못하는 위치일 때 '일시적인 지형'이라고 합니다. 이런 상황에서는 적들이 아군에게 매력적인 미끼를 제공할지 모르지만, 적들이 앞으로 나아가지 않고 오히려 후퇴하도록 적에게 미끼를 내미는 것이 좋습니다. 그리하여 적군이 반쯤 나왔을 때 아군은 유리한 방법으로 공격을 감행할 수 있습니다.

'좁은 통로'는 먼저 점령할 수 있다면 견고하게 방어하고 적의 출현을 기다려야 합니다. 적이 고갯길을 점령하지 못하도록 막고, 고갯길이 완전히 방어되어 있다면 적을 뒤쫓지 말고, 약하게 방어되어 있을 때만 뒤쫓아야 합니다.

'가파른 언덕'에 관해서는 솟아 있고 햇빛이 잘 드는 곳을 먼저 점령해야 하고, 거기로 적이 올라오기를 기다려야 합니다. 적이 이미 이곳을 점령했다면 적을 따라가지 말고 후퇴하여 적을 유인해 내어야 합니다.

적과 거리가 멀고 양군의 병력이 같다면 전투를 벌이기 쉽지 않고, 싸움은 아군에게 불리할 것입니다.

이들 여섯 가지는 지형과 관련된 원리입니다. 책임 있는 자리에 오른 장수는 이 여섯 가지 원칙을 주의 깊게 터득해야 합니다.

10.2 將過六者 장과육자

원문

故兵有走者, 有馳者, 有陷者, 有崩者,
고 병 유 주 자 유 치 자 유 함 자 유 붕 자

有亂者, 有北者。凡此六者, 非天之災,
유 란 자 유 북 자 범 차 육 자 비 천 지 재

將之過也。夫勢均, 以一擊十, 曰走; 卒强吏弱,
장 지 과 야 부 세 균 이 일 격 십 왈 주 졸 강 리 약

曰馳; 吏强卒弱, 曰陷; 大吏怒而不服,
왈 치 이 강 졸 약 왈 함 대 리 노 이 불 복

遇敵懟而自戰, 將不知其能, 曰崩; 將弱不嚴,
우 적 대 이 자 전 장 부 지 기 능 왈 붕 장 약 불 엄

教道不明, 吏卒無常, 陳兵縱橫, 曰亂;
교 도 불 명 이 졸 무 상 진 병 종 횡 왈 란

將不能料敵, 以少合衆, 以弱擊强, 兵無選鋒,
장 불 능 료 적 이 소 합 중 이 약 격 강 병 무 선 봉

曰北。凡此六者, 敗之道也, 將之至任,
왈 북 범 차 육 자 패 지 도 야 장 지 지 임

不可不察也。
불 가 불 찰 야

故	연고 **고**	兵	군사 **병**	有	있을 **유**
走	달릴 **주**	者	놈 **자**	有	있을 **유**
馳	달릴 **치**	者	놈 **자**	有	있을 **유**
陷	빠질 **함**	者	놈 **자**	有	있을 **유**
崩	무너질 **붕**	者	놈 **자**	有	있을 **유**
亂	어지러울 **난**	者	놈 **자**	有	있을 **유**
北	북녘 **북**	者	놈 **자**	凡	무릇 **범**
此	이 **차**	六	여섯 **육**	者	놈 **자**
非	아닐 **비**	天	하늘 **천**	之	갈 **지**
災	재앙 **재**	將	장수 **장**	之	갈 **지**
過	지날 **과**	也	**야**(어조사)	夫	지아비 **부**
勢	기세 **세**	均	고를 **균**	以	써 **이**
一	한 **일**	擊	부딪칠 **격**	十	열 **십**
曰	가로 **왈**	走	달릴 **주**	卒	군사 **졸**
强	굳셀 **강**	吏	벼슬아치 **리**	弱	약할 **약**
曰	가로 **왈**	馳	달릴 **치**	吏	벼슬아치 **리**
强	굳셀 **강**	卒	군사 **졸**	弱	약할 **약**
曰	가로 **왈**	陷	빠질 **함**	大	큰 **대**
吏	벼슬아치 **리**	怒	성낼 **노**	而	말 이을 **이**
不	아닐 **불**	服	옷 **복**	遇	만날 **우**
敵	원수 **적**	懟	원망할 **대**	而	말 이을 **이**
自	스스로 **자**	戰	싸울 **전**	將	장수 **장**
不	아닐 **부**	知	알 **지**	其	그 **기**
能	능할 **능**	曰	가로 **왈**	崩	무너질 **붕**
將	장수 **장**	弱	약할 **약**	不	아닐 **불**
嚴	엄할 **엄**	教	가르침 **교**	道	길 **도**
不	아닐 **불**	明	밝을 **명**	吏	벼슬아치 **리**
卒	군사 **졸**	無	없을 **무**	常	항상 **상**
陳	늘어놓을 **진**	兵	군사 **병**	縱	늘어질 **종**
橫	가로 **횡**	曰	가로 **왈**	亂	어지러울 **란**
將	장수 **장**	不	아닐 **불**	能	능할 **능**

料	되질할 **료**	敵	원수 **적**	以	써 **이**
少	적을 **소**	合	합할 **합**	衆	무리 **중**
以	써 **이**	弱	약할 **약**	擊	부딪칠 **격**
强	굳셀 **강**	兵	군사 **병**	無	없을 **무**
選	가릴 **선**	鋒	칼날 **봉**	曰	가로 **왈**
北	북녘 **북**	凡	무릇 **범**	此	이 **차**
六	여섯 **육**	者	놈 **자**	敗	깨뜨릴 **패**
之	갈 **지**	道	길 **도**	也	**야**(어조사)
將	장수 **장**	之	갈 **지**	至	이를 **지**
任	맡길 **임**	不	아닐 **불**	可	옳을 **가**
不	아닐 **불**	察	살필 **찰**	也	**야**(어조사)

의역

이제 군대는 자연 지형에 의해서가 아니라 장수 본인이 책임져야 할 여섯 가지 재앙에 노출되어 있습니다. 즉, (1) 탈영(脫營, Desertion) (2) 불복종(不服從, Disobedience), (3) 붕괴(崩壞, Collapse), (4) 파멸(破滅, Ruin), (5) 무질서(無秩序, Disorder), (6) 완패(完敗, Rout)입니다.

다른 조건들이 같을 때 하나의 군대가 열 배 더 강한 다른 군대와 싸운다면 군졸들이 도망갈 것입니다. 군졸들이 너무 강하고 장교들이 너무 약할 때, 그 결과는 반항과 불복종으로 이어집니다. 장교들이 너무 강하고 군졸들이 너무 약할 때, 그 결과는 조직의 붕괴입니다. 상급 장교들이 화가 나서 반항하고 적을 만났을 때 적이 싸울 위치에 있는지 아닌지를 장수가 판단하기 전에 그들 마음대로 전투를 벌이게 되면 그 결과는 파멸입니다.

장수가 약하고 권위가 없을 때, 장수의 명령이 명확하지 않을 때, 장교와 군졸들에게 정해진 임무가 없을 때, 대열이 엉성하게 짜여질 때, 그 결과는 완전한 조직의 무질서입니다. 장수가 적의 힘을 가늠할 수 없거나, 열등한 군대가 강한 적군과 교전하도록 하거나, 강한 군대에 약한 분견대를 보내거나, 선발된 군사들을 전방에 배치하는 것을 게을리할 때, 결과는 반드시 완전한 패배입니다. 이들 여섯 가지는 패배하지 않기 위해 책임 있는 지위에 오른 장수가 반드시 유의해야 할 사항입니다.

10.3 知此用戰 지차용전

원문

夫地形者, 兵之助也。料敵制勝, 計險厄遠近,
부지형자 병지조야 요적제승 계험액원근

上將之道也。知此而用戰者必勝,
상장지도야 지차이용전자필승

不知此而用戰者必敗。故戰道必勝, 主曰無戰,
부지차이용전자필패 고전도필승 주왈무전

必戰可也; 戰道不勝, 主曰必戰, 無戰可也。
필전가야 전도부승 주왈필전 무전가야

故進不求名, 退不避罪, 唯人是保, 而利合于主,
고진불구명 퇴불피죄 유인시보 이리합우주

國之寶也。
국지보야

夫	지아비 **부**	地	땅 **지**	形	모양 **형**
者	놈 **자**	兵	군사 **병**	之	갈 **지**
助	도울 **조**	也	**야**(어조사)	料	되질할 **료**
敵	원수 **적**	制	마를 **제**	勝	이길 **승**
計	꾀 **계**	險	험할 **험**	厄	액 **액**
遠	멀 **원**	近	가까울 **근**	上	위 **상**
將	장수 **장**	之	갈 **지**	道	길 **도**

也	**야**(어조사)	知	잘 **지**	此	이 **차**
而	말 이을 **이**	用	쓸 **용**	戰	싸울 **전**
者	놈 **자**	必	반드시 **필**	勝	이길 **승**
不	아닐 **부**	知	알 **지**	此	이 **차**
而	말 이을 **이**	用	쓸 **용**	戰	싸울 **전**
者	놈 **자**	必	반드시 **필**	敗	깨뜨릴 **패**
故	연고 **고**	戰	싸울 **전**	道	길 **도**
必	반드시 **필**	勝	이길 **승**	主	주인 **주**
曰	가로 **왈**	無	없을 **무**	戰	싸울 **전**
必	반드시 **필**	戰	싸울 **전**	可	옳을 **가**
也	**야**(어조사)	戰	싸울 **전**	道	길 **도**
不	아닐 **부**	勝	이길 **승**	主	주인 **주**
曰	가로 **왈**	必	반드시 **필**	戰	싸울 **전**
無	없을 **무**	戰	싸울 **전**	可	옳을 **가**
也	**야**(어조사)	故	연고 **고**	進	나아갈 **진**
不	아닐 **불**	求	구할 **구**	名	이름 **명**
退	물러날 **퇴**	不	아닐 **불**	避	피할 **피**
罪	허물 **죄**	唯	오직 **유**	人	사람 **인**
是	옳을 **시**	保	지킬 **보**	而	말 이을 **이**
利	이할 **리**	合	합할 **합**	于	**우**(어조사)
主	주인 **주**	國	나라 **국**	之	갈 **지**
寶	보배 **보**	也	**야**(어조사)		

의역

유리한 자연 지형은 전쟁에서 최고의 우군입니다. 그러나 적을 분석하고, 승리의 힘을 제어 관리하고, 어려움과 위험과 거리를 빈틈없이 계산하는 힘은 우수한 장수의 역량에 달려 있습니다.

이 점을 알고 싸움에서 자신의 지식을 행동에 쓰는 장수는 전쟁을 승리로 이끌 것입니다. 이 점을 알지도 못하고, 실행에 옮기지도 않는 장수는 반드시 패배할 것입니다.

싸움이 반드시 승리로 이어질 것이 확실하다면 비록 군주가 금지하더라도 싸워야 하고, 싸움이 승리로 이어지지 않는 것이 확실하다면 군주의 명령에도 싸우지 말아야 합니다.

명예를 탐내지 않으면서 전진하고, 치욕을 두려워하지 않으면서 물러나는 장수, 오직 나라를 지키고 국가에 대한 헌신적인 봉사를 다 하겠다는 장수가 나라의 보배인 것입니다.

10.4 能使令治 능사령치

원문

視卒如嬰兒，故可與之赴深谿；視卒如愛子，
시 졸 여 영 아 　 고 가 여 지 부 심 계 　 시 졸 여 애 자

故可與之俱死。厚而不能使，愛而不能令，
고 가 여 지 구 사 　 후 이 불 능 사 　 애 이 불 능 령

亂而不能治，譬若驕子，不可用也。
난 이 불 능 치 　 비 약 교 자 　 불 가 용 야

視	볼 **시**	卒	군사 **졸**	如	같을 **여**
嬰	어린아이 **영**	兒	아이 **아**	故	연고 **고**
可	옳을 **가**	與	줄 **여**	之	갈 **지**
赴	나아갈 **부**	深	깊을 **심**	谿	시내 **계**
視	볼 **시**	卒	군사 **졸**	如	같을 **여**
愛	사랑 **애**	子	아들 **자**	故	연고 **고**
可	옳을 **가**	與	줄 **여**	之	갈 **지**
俱	함께 **구**	死	죽을 **사**	厚	두터울 **후**
而	말 이을 **이**	不	아닐 **불**	能	능할 **능**
使	하여금 **사**	愛	사랑 **애**	而	말 이을 **이**
不	아닐 **불**	能	능할 **능**	令	영 **령**
亂	어지러울 **란**	而	말 이을 **이**	不	아닐 **불**
能	능할 **능**	治	다스릴 **치**	譬	비유할 **비**
若	같을 **약**	驕	교만할 **교**	子	아들 **자**

不	아닐 **불**	可	옳을 **가**	用	쓸 **용**
也	**야**(어조사)				

의역

군사들을 당신의 자녀처럼 생각하십시오. 그러면 그들은 당신을 따라 깊은 골짜기로 들어갈 것입니다. 그들을 당신의 사랑하는 자식으로 여겨 주십시오. 그러면 그들은 죽을 때까지 당신을 지지할 것입니다.

그러나 당신이 너그러운 마음을 가졌지만 군사들이 당신의 권위를 느낄 수 없다면 당신의 명령을 따르지 않을 것입니다. 더욱이 혼란을 가라앉힐 능력이 없다면 당신의 군사들은 버릇없는 아이들과 같이 될 것입니다. 이런 군사는 어떤 실용적인 용도로도 쓸모가 없습니다.

10.5 知天知地 지천지지

원문

知吾卒之可以擊, 而不知敵之不可擊,
지 오 졸 지 가 이 격　　이 부 지 적 지 불 가 격

勝之半也; 知敵之可擊, 而不知吾卒之不可以擊,
승 지 반 야　지 적 지 가 격　이 부 지 오 졸 지 불 가 이 격

勝之半也; 知敵之可擊, 知吾卒之可以擊,
승 지 반 야　지 적 지 가 격　지 오 졸 지 가 이 격

而不知地形之不可以戰, 勝之半也。故知兵者,
이 부 지 지 형 지 불 가 이 전　승 지 반 야　고 지 병 자

動而不迷, 擧而不窮。故曰: 知彼知己,
동 이 불 미　거 이 불 궁　고 왈　지 피 지 기

勝乃不殆; 知天知地, 勝乃不窮。
승 내 불 태　지 천 지 지　승 내 불 궁

知	알 **지**	吾	나 **오**	卒	군사 **졸**
之	갈 **지**	可	옳을 **가**	以	써 **이**
擊	부딪칠 **격**	而	말 이을 **이**	不	아닐 **부**
知	알 **지**	敵	원수 **적**	之	갈 **지**
不	아닐 **불**	可	옳을 **가**	擊	부딪칠 **격**
勝	이길 **승**	之	갈 **지**	半	반 **반**
也	**야**(어조사)	知	알 **지**	敵	원수 **적**

之	갈 **지**	可	옳을 **가**	擊	부딪칠 **격**
而	말 이을 **이**	不	아닐 **부**	知	알 **지**
吾	나 **오**	卒	군사 **졸**	之	갈 **지**
不	아닐 **불**	可	옳을 **가**	以	써 **이**
擊	부딪칠 **격**	勝	이길 **승**	之	갈 **지**
半	반 **반**	也	**야**(어조사)	知	알 **지**
敵	원수 **적**	之	갈 **지**	可	옳을 **가**
擊	부딪칠 **격**	知	알 **지**	吾	나 **오**
卒	군사 **졸**	之	갈 **지**	可	옳을 **가**
以	써 **이**	擊	부딪칠 **격**	而	말 이을 **이**
不	아닐 **부**	知	알 **지**	地	땅 **지**
形	모양 **형**	之	갈 **지**	不	아닐 **불**
可	옳을 **가**	以	써 **이**	戰	싸울 **전**
勝	이길 **승**	之	갈 **지**	半	반 **반**
也	**야**(어조사)	故	연고 **고**	知	알 **지**
兵	군사 **병**	者	놈 **자**	動	움직일 **동**
而	말 이을 **이**	不	아닐 **불**	迷	미혹할 **미**
擧	들 **거**	而	말 이을 **이**	不	아닐 **불**
窮	다할 **궁**	故	연고 **고**	曰	가로 **왈**
知	알 **지**	彼	저 **피**	知	알 **지**
己	자기 **기**	勝	이길 **승**	乃	이에 **내**
不	아닐 **불**	殆	위태할 **태**	知	알 **지**
天	하늘 **천**	知	알 **지**	地	땅 **지**
勝	이길 **승**	乃	이에 **내**	不	아닐 **불**
窮	다할 **궁**				

의역

아군이 공격할 수 있는 여건임을 알면서 적이 공격할 여지가 없다는 것을 모른다면 아군은 승리를 향해 반쯤 나아갔을 뿐입니다. 적이 공격할 수 있다는 것을 알면서 아군이 공격할 수 있는 상태가 아니라는 것을 모른다면 아군은 승리를 향해 반쯤 갔을 뿐입니다.

적들이 공격할 수 있다는 것을 알고 있고, 또한 아군이 공격할 수 있는 여건에 있다는 것을 알고 있지만, 적들이 지형의 특성상 전투를 실행할 수 없다는 것을 알지 못한다면, 아군은 여전히 승리를 향해 반쯤 나아갔을 뿐입니다.

경험이 풍부한 군사들은 갑자기 진군 명령을 받더라도 당황하지 않습니다. 군영이 부서지더라도 결코 당황하지 않습니다. 이는 적을 알고 자신을 알면 승리에 의심의 여지가 없고, 하늘을 알고 땅을 알면 승리가 완성될 수 있다는 것을 뜻합니다.

孫子兵法

손 자 병 법

원문 읽기

제11장

구지
(九地)

아홉 가지 상황

11.1 兵法九地 병법구지

원문

用兵之法, 有散地, 有經地, 有爭地, 有交地,
용병지법 유산지 유경지 유쟁지 유교지

有衢地, 有重地, 有圮地, 有圍地, 有死地。
유구지 유중지 유비지 유위지 유사지

諸侯自戰其也, 爲散地; 入人之地而不深者,
제후자전기야 위산지 입인지지이불심자

爲經地; 我得亦利, 彼得亦利者, 爲爭地;
위경지 아득역리 피득역리자 위쟁지

我可以往, 彼可以來者, 爲交地; 諸侯之地三屬,
아가이왕 피가이래자 위교지 제후지지삼속

先至而得天下衆者, 爲衢地; 入人之地深,
선지이득천하중자 위구지 입인지지심

背城邑多者, 爲重地; 行山林、險阻、沮澤,
배성읍다자 위중지 행산림 험조 저택

凡難行之道者, 爲圮地; 所由入者隘,
범난행지도자 위비지 소유입자애

所從歸者迂, 彼寡可以擊吾之衆者,
소종귀자우 피과가이격오지중자

爲圍地; 疾戰則存, 不疾戰則亡者, 爲死地。
위위지 질전칙존 부질전칙망자 위사지

是故散地則無戰, 經地則無止, 爭地則無攻,
시고산지칙무전 경지칙무지 쟁지칙무공

交地則無絶, 衢地則合交, 重地則掠,
교지칙무절 구지칙합교 중지칙략

圮地則行, 圍地則謨, 死地則戰。
비지칙행 위지칙모 사지칙전

用	쓸 **용**	兵	군사 **병**	之	갈 **지**
法	법 **법**	有	있을 **유**	散	흩을 **산**
地	땅 **지**	有	있을 **유**	經	날 **경**
地	땅 **지**	有	있을 **유**	爭	다툴 **쟁**
地	땅 **지**	有	있을 **유**	交	사귈 **교**
地	땅 **지**	有	있을 **유**	衢	네거리 **구**
地	땅 **지**	有	있을 **유**	重	무거울 **중**
地	땅 **지**	有	있을 **유**	圮	무너질 **비**
地	땅 **지**	有	있을 **유**	圍	둘레 **위**
地	땅 **지**	有	있을 **유**	死	죽을 **사**
地	땅 **지**	諸	모든 **제**	侯	임금 **후**
自	스스로 **자**	戰	싸울 **전**	其	그 **기**
也	**야**(어조사)	爲	할 **위**	散	흩을 **산**
地	땅 **지**	入	들 **입**	人	사람 **인**
之	갈 **지**	地	땅 **지**	而	말 이을 **이**
不	아닐 **불**	深	깊을 **심**	者	놈 **자**
爲	할 **위**	經	날 **경**	地	땅 **지**
我	나 **아**	得	얻을 **득**	亦	또 **역**
利	이할 **리**	彼	저 **피**	得	얻을 **득**
亦	또 **역**	利	이할 **리**	者	놈 **자**
爲	할 **위**	爭	다툴 **쟁**	地	땅 **지**
我	나 **아**	可	옳을 **가**	以	써 **이**
往	갈 **왕**	彼	저 **피**	可	옳을 **가**

以	써 **이**	來	올 **래**	者	놈 **자**
爲	할 **위**	交	사귈 **교**	地	땅 **지**
諸	모든 **제**	侯	임금 **후**	之	갈 **지**
地	땅 **지**	三	석 **삼**	屬	무리 **속**
先	먼저 **선**	至	이를 **지**	而	말 이을 **이**
得	얻을 **득**	天	하늘 **천**	下	아래 **하**
衆	무리 **중**	者	놈 **자**	爲	할 **위**
衢	네거리 **구**	地	땅 **지**	入	들 **입**
人	사람 **인**	之	갈 **지**	地	땅 **지**
深	깊을 **심**	背	등 **배**	城	성 **성**
邑	고을 **읍**	多	많을 **다**	者	놈 **자**
爲	할 **위**	重	무거울 **중**	地	땅 **지**
行	갈 **행**	山	뫼 **산**	林	수풀 **림**
險	험할 **험**	阻	험할 **조**	沮	막을 **저**
澤	못 **택**	凡	무릇 **범**	難	어려울 **난**
行	갈 **행**	之	갈 **지**	道	길 **도**
者	놈 **자**	爲	할 **위**	圮	무너질 **비**
地	땅 **지**	所	바 **소**	由	말미암을 **유**
入	들 **입**	者	놈 **자**	隘	좁을 **애**
所	바 **소**	從	좇을 **종**	歸	돌아갈 **귀**
者	놈 **자**	迂	멀 **우**	彼	저 **피**
寡	적을 **과**	可	옳을 **가**	以	써 **이**
擊	부딪칠 **격**	吾	나 **오**	之	갈 **지**
衆	무리 **중**	者	놈 **자**	爲	할 **위**
圍	둘레 **위**	地	땅 **지**	疾	병 **질**
戰	싸울 **전**	則	법칙 **칙**	存	있을 **존**
不	아닐 **부**	疾	병 **질**	戰	싸울 **전**
則	법칙 **칙**	亡	망할 **망**	者	놈 **자**
爲	할 **위**	死	죽을 **사**	地	땅 **지**
是	옳을 **시**	故	연고 **고**	散	흩을 **산**
地	땅 **지**	則	법칙 **칙**	無	없을 **무**

戰	싸울 **전**	經	날 **경**	地	땅 **지**
則	법칙 **칙**	無	없을 **무**	止	멈출 **지**
爭	다툴 **쟁**	地	땅 **지**	則	법칙 **칙**
無	없을 **무**	攻	칠 **공**	交	사귈 **교**
地	땅 **지**	則	법칙 **칙**	無	없을 **무**
絶	끊을 **절**	衢	네거리 **구**	地	땅 **지**
則	법칙 **칙**	合	합할 **합**	交	사귈 **교**
重	무거울 **중**	地	땅 **지**	則	법칙 **칙**
掠	노략질할 **략**	圮	무너질 **비**	地	땅 **지**
則	법칙 **칙**	行	갈 **행**	圍	둘레 **위**
地	땅 **지**	則	법칙 **칙**	謨	꾀 **모**
死	죽을 **사**	地	땅 **지**	則	법칙 **칙**
戰	싸울 **전**				

의역

병법에서는 아홉 가지의 다양한 지형(Ground)을 구분하여 다룹니다. 즉 (1) 분산형 지형(Dispersive Ground), (2) 쉬운 지형(Facile Ground), (3) 분쟁형 지형(Contentious Ground), (4) 개방형 지형(Open Ground), (5) 교차로형 지형(Intersection Ground), (6) 심각한 지형(Serious Ground), (7) 어려운 지형(Difficult Ground), (8) 갇힌 지형(Hemmed-in Ground), (9) 절망적인 지형(Desperate Ground)이 있습니다.

자신의 영토 안에서 싸울 때 그것은 '분산형 지형'입니다. 적국의 영토에 침투했으나 그곳이 자신의 영토에서 그리 멀지 않을 때 그것은 '쉬운 지형'입니다. 점유권을 확보하는 데 어느 한쪽에

만 큰 이점을 가져다주는 곳은 '논쟁의 여지가 있는 지형'입니다. 양 측이 모두 이동의 자유를 갖는 곳은 '개방된 지형'입니다. 세 개의 교차하는 길을 형성하는 곳, 그리하여 먼저 그곳을 차지하는 측이 주도권을 갖는 곳은 '교차로형 지형'입니다. 적국의 심장부로 침투하여 많은 요새화된 도시들을 후방에 남겨둔다면 그것은 '심각한 지형'입니다. 산악 숲, 험준한 가파른 언덕, 습지, 울타리 등 건너기 어려운 곳은 '어려운 지형'입니다. 좁은 협곡을 통해 도달하고, 험한 길을 통해서만 퇴각할 수 있는 곳, 그래서 적은 수의 적이 아군의 대부분을 부수기에 충분한 곳은 '갇힌 지형' 입니다. 아군이 지체 없이 싸워 이겨야만 안전한 곳은 '절망적인 지형'입니다.

그러므로 '분산형 지형'에서는 싸우지 않습니다. '쉬운 지형'에서는 진군을 멈추지 않습니다. '논쟁의 여지가 있는 지형'에서는 적을 공격하지 않습니다. '개방형 지형'에서는 적의 진로를 막지 않습니다. '교차로형 지형'에서는 이웃 동맹국과 협력합니다. '심각한 지형'에서는 약탈물을 수집합니다. '어려운 지형'에서는 꾸준히 진군을 계속합니다. '갇힌 지형'에서는 책략을 써야 합니다. '절망적인 지형'에서는 무조건 싸워 이겨야 합니다.

11.2 先奪所愛 선탈소애

원문

所謂古之善用兵者，能使敵人前後不相及，
소위고지선용병자 능사적인전후불상급
衆寡不相恃，貴賤不相救，上下不相收，
중과불상시 귀천불상구 상하불상수
卒離而不集，兵合而不齊。合于利而動，
졸리이불집 병합이불제 합우리이동
不合于利而止。敢問："敵衆整而將來，
불합우리이지 감문 적중정이장래
待之若何?" 曰："先奪其所愛，則聽矣"。
대지약하 왈 선탈기소애 칙청의
兵之情主速，乘人之不及，由不虞之道，
병지정주속 승인지불급 유불우지도
攻其所不戒也。
공기소불계야

所	바 **소**	謂	이를 **위**	古	옛 **고**
之	갈 **지**	善	착할 **선**	用	쓸 **용**
兵	군사 **병**	者	놈 **자**	能	능할 **능**
使	하여금 **사**	敵	원수 **적**	人	사람 **인**
前	앞 **전**	後	뒤 **후**	不	아닐 **불**

相	서로 **상**	及	미칠 **급**	衆	무리 **중**
寡	적을 **과**	不	아닐 **불**	相	서로 **상**
恃	믿을 **시**	貴	귀할 **귀**	賤	천할 **천**
不	아닐 **불**	相	서로 **상**	救	건질 **구**
上	위 **상**	下	아래 **하**	不	아닐 **불**
相	서로 **상**	收	거둘 **수**	卒	군사 **졸**
離	떼놓을 **리**	而	말 이을 **이**	不	아닐 **불**
集	모일 **집**	兵	군사 **병**	合	합할 **합**
而	말 이을 **이**	不	아닐 **불**	齊	가지런할 **제**
合	합할 **합**	于	**우**(어조사)	利	이할 **리**
而	말 이을 **이**	動	움직일 **동**	不	아닐 **불**
合	합할 **합**	于	**우**(어조사)	利	이할 **리**
而	말 이을 **이**	止	멈출 **지**	敢	감히 **감**
問	물을 **문**	敵	원수 **적**	衆	무리 **중**
整	가지런할 **정**	而	말 이을 **이**	將	장차 **장**
來	올 **래**	待	기다릴 **대**	之	갈 **지**
若	같을 **약**	何	어찌 **하**	曰	가로 **왈**
先	먼저 **선**	奪	빼앗을 **탈**	其	그 **기**
所	바 **소**	愛	사랑 **애**	則	법칙 **칙**
聽	들을 **청**	矣	**의**(어조사)	兵	군사 **병**
之	갈 **지**	情	뜻 **정**	主	주인 **주**
速	빠를 **속**	乘	탈 **승**	人	사람 **인**
之	갈 **지**	不	아닐 **불**	及	미칠 **급**
由	말미암을 **유**	不	아닐 **불**	虞	염려할 **우**
之	갈 **지**	道	길 **도**	攻	칠 **공**
其	그 **기**	所	바 **소**	不	아닐 **불**
戒	경계할 **계**	也	**야**(어조사)		

의역

자고(自古)로 능숙한 장수는 적 군진의 앞뒤를 갈라놓을 줄 알고, 적의 크고 작은 부대(部隊)의 협업을 막고, 적의 부대가 약한 부대를 구출하는 것을 방해하고, 장교들이 부하들을 규합하는 방법을 알고 있었습니다. 적군이 뿔뿔이 흩어졌을 때 그들이 다시 재편성하는 것을 막았고, 그들이 재편성할 때에도 혼란스럽게 만들었습니다. 자신에게 유리할 때 앞으로 진군하고, 그렇지 않을 때 멈췄습니다.

질서정연하게 정렬된 적의 대군이 공격해 올 때 어떻게 대처할지 묻는다면 나는 이렇게 말할 것입니다. "상대가 소중히 여기는 것을 빼앗는 것으로 시작하십시오. 그러면 상대는 당신의 의지에 순응할 수 있을 것입니다." 신속성은 전쟁의 본질입니다. 적의 무지(無知)를 이용하고, 예상치 못한 경로로 전진하며, 경계가 없는 곳을 공격하는 것입니다.

11.3 爲客之道 위객지도 ❶

원문

凡爲客之道：深入則專，主人不克；
범 위 객 지 도 심 입 칙 전 주 인 불 극

掠于饒野，三軍足食；謹養而勿勞，井氣積力；
약 우 요 야 삼 군 족 식 근 양 이 물 로 정 기 적 력

運兵計謀，爲不可測。投之無所往，死且不北。
운 병 계 모 위 불 가 측 투 지 무 소 왕 사 차 불 북

死焉不得士人盡力。兵士甚陷則不懼，
사 언 부 득 사 인 진 력 병 사 심 함 칙 불 구

無所往則固，深入則拘，不得己則門。
무 소 왕 칙 고 심 입 칙 구 부 득 기 칙 문

是故其兵不修而戒，不求而得，不約而親，
시 고 기 병 불 수 이 계 불 구 이 득 불 약 이 친

不令而信。禁祥去疑，至死無所之。吾士無餘財，
불 령 이 신 금 상 거 의 지 사 무 소 지 오 사 무 여 재

非惡貨也；無餘命，非惡壽也。令發之日，
비 악 화 야 무 여 명 비 악 수 야 영 발 지 일

士卒坐者涕沾襟，偃臥者涕交頤。投之無所往，
사 졸 좌 자 체 첨 금 언 와 자 체 교 이 투 지 무 소 왕

諸、劌之勇也。
제 귀 지 용 야

凡	무릇 **범**	爲	할 **위**	客	손 **객**
之	갈 **지**	道	길 **도**	深	깊을 **심**
入	들 **입**	則	법칙 **칙**	專	오로지 **전**
主	주인 **주**	人	사람 **인**	不	아닐 **불**
克	이길 **극**	掠	노략질할 **략**	于	**우**(어조사)
饒	넉넉할 **요**	野	들 **야**	三	석 **삼**
軍	군사 **군**	足	달릴 **족**	食	밥 **식**
謹	삼갈 **근**	養	기를 **양**	而	말 이을 **이**
勿	말 **물**	勞	일할 **로**	井	우물 **정**
氣	기운 **기**	積	쌓을 **적**	力	힘 **력**
運	돌 **운**	兵	군사 **병**	計	꾀 **계**
謀	꾀할 **모**	爲	할 **위**	不	아닐 **불**
可	옳을 **가**	測	잴 **측**	投	던질 **투**
之	갈 **지**	無	없을 **무**	所	바 **소**
往	갈 **왕**	死	죽을 **사**	且	또 **차**
不	아닐 **불**	北	북녘 **북**	死	죽을 **사**
焉	어찌 **언**	不	아닐 **부**	得	얻을 **득**
士	일할 **사**	人	사람 **인**	盡	다될 **진**
力	힘 **력**	兵	군사 **병**	士	일할 **사**
甚	심할 **심**	陷	빠질 **함**	則	법칙 **칙**
不	아닐 **불**	懼	두려워할 **구**	無	없을 **무**
所	바 **소**	往	갈 **왕**	則	법칙 **칙**
固	굳을 **고**	深	깊을 **심**	入	들 **입**
則	법칙 **칙**	拘	잡을 **구**	不	아닐 **부**
得	얻을 **득**	己	자기 **기**	則	법칙 **칙**
門	문 **문**	是	옳을 **시**	故	연고 **고**
其	그 **기**	兵	군사 **병**	不	아닐 **불**
修	닦을 **수**	而	말 이을 **이**	戒	경계할 **계**
不	아닐 **불**	求	구할 **구**	而	말 이을 **이**
得	얻을 **득**	不	아닐 **불**	約	묶을 **약**
而	말 이을 **이**	親	친할 **친**	不	아닐 **불**

令	영 **령**	而	말 이을 **이**	信	믿을 **신**
禁	금할 **금**	祥	상서로울 **상**	去	갈 **거**
疑	의심할 **의**	至	이를 **지**	死	죽을 **사**
無	없을 **무**	所	바 **소**	之	갈 **지**
吾	나 **오**	士	일할 **사**	無	없을 **무**
餘	남을 **여**	財	재물 **재**	非	아닐 **비**
惡	악할 **악**	貨	재화 **화**	也	**야**(어조사)
無	없을 **무**	餘	남을 **여**	命	목숨 **명**
非	아닐 **비**	惡	악할 **악**	壽	목숨 **수**
也	**야**(어조사)	令	영 **령**	發	쏠 **발**
之	갈 **지**	日	해 **일**	士	일할 **사**
卒	군사 **졸**	坐	앉을 **좌**	者	놈 **자**
涕	눈물 **체**	沾	더할 **첨**	襟	옷깃 **금**
偃	쓰러질 **언**	臥	누울 **와**	者	놈 **자**
涕	눈물 **체**	交	사귈 **교**	頤	턱 **이**
投	던질 **투**	之	갈 **지**	無	없을 **무**
所	바 **소**	往	갈 **왕**	諸	모든 **제**
劌	상처입힐 **귀**	之	갈 **지**	勇	날쌜 **용**
也	**야**(어조사)				

의역

적국을 침략할 때 장수로서 지켜야 할 원칙은 다음과 같습니다. 그 나라에 깊숙이 들어갈수록 군사들을 더욱 단결시켜야 합니다. 그래야 적군에게 패하지 않을 것입니다. 부유한 나라를 공격할 때는 그곳에서 식량을 구해서 진군하는 군대에 보급하십시오. 군사들의 안녕에 신경을 써야 하고 그들에게 과중한 세금을 부과하지 마십시오.

에너지를 집중하고 힘을 비축하십시오. 군대를 계속 이동시키고, 다양한 전술 변화를 꾀하십시오. 도망갈 곳이 없을 때 군사들을 제자리에 머물게 하십시오. 그러면 그들은 도망치는 것보다 기꺼이 죽음을 각오하고 싸울 것입니다.

만일 군사들이 죽음에 직면한다면, 그들이 지금 못 할 것은 아무것도 없습니다. 그리하여 장교들과 군사들은 모두 가장 강력한 힘을 발휘할 것입니다. 군사들은 극도로 긴장할 때 공포감을 잃습니다. 피난처가 없다면 그들은 굳건히 맞서 싸울 것입니다.

만일 군사들이 적국에 깊이 들어가 있다면 그들은 강한 태도를 보일 것입니다. 만약 도움을 얻을 수 없다면, 군사들은 열심히 싸울 것입니다. 그리하여 군사들은 통제를 기다리지 않고도 끊임없이 경계에 임할 것이며, 명령을 기다리지 않고도 당신의 뜻을 따를 것이며, 제한 없이 충실할 것이며, 당신의 명령을 신뢰할 수 있을 것입니다.

길조나 흉조 등 단순히 미신적인 생각을 버리십시오. 그러면 죽음 자체를 맞이할 때까지 두려움이 없어집니다. 군사들이 재물에 욕심을 부리지 않는 것은 재물을 싫어해서가 아닙니다. 그들이 목숨을 걸고 싸우는 것은 오래 살고 싶지 않아서가 아닙니다. 그들이 전쟁터로 나가라는 명령을 받는 날에 군사들은 울 것입니다. 그러나 일단 그들이 궁지에 몰리면 큰 용기를 발휘할 것입니다.

11.4 常山之蛇 상산지사

원문

故善用兵者, 譬如率然; 率然者, 常山之蛇也。
고선용병자 비여솔연 솔연자 상산지사야

擊其首則尾至, 擊其尾則首至, 擊其中則首尾俱至。
격기수칙미지 격기미칙수지 격기중칙수미구지

敢問: "兵可使如率然乎?" 曰: "可。"
감문 병가사여솔연호 왈 가

夫吳人與越人相惡也, 當其同舟濟, 遇風,
부호인여월인상악야 당기동주제 우풍

其相救也如左右手。是故方馬埋輪, 未足恃也;
기상구야여좌우수 시고방마매륜 미족시야

齊勇若一, 政之道也; 剛柔皆得, 地之理也。
제용약일 정지도야 강유개득 지지리야

故善用兵者, 携手若使一人, 不得已也。
고선용병자 휴수약사일인 부득기야

故	연고 **고**	善	착할 **선**	用	쓸 **용**
兵	군사 **병**	者	놈 **자**	譬	비유할 **비**
如	같을 **여**	率	거느릴 **솔**	然	그러할 **연**
率	거느릴 **솔**	然	그러할 **연**	者	놈 **자**
常	항상 **상**	山	뫼 **산**	之	갈 **지**

蛇	긴 뱀 **사**	也	**야**(어조사)	擊	부딪칠 **격**
其	그 **기**	首	머리 **수**	則	법칙 **칙**
尾	꼬리 **미**	至	이를 **지**	擊	부딪칠 **격**
其	그 **기**	尾	꼬리 **미**	則	법칙 **칙**
首	머리 **수**	至	이를 **지**	擊	부딪칠 **격**
其	그 **기**	中	가운데 **중**	則	법칙 **칙**
首	머리 **수**	尾	꼬리 **미**	俱	함께 **구**
至	이를 **지**	敢	감히 **감**	問	물을 **문**
兵	군사 **병**	可	옳을 **가**	使	하여금 **사**
如	같을 **여**	率	거느릴 **솔**	然	그러할 **연**
乎	**호**(어조사)	曰	가로 **왈**	可	옳을 **가**
夫	지아비 **부**	昊	하늘 **호**	人	사람 **인**
與	줄 **여**	越	넘을 **월**	人	사람 **인**
相	서로 **상**	惡	악할 **악**	也	**야**(어조사)
當	당할 **당**	其	그 **기**	同	한가지 **동**
舟	배 **주**	濟	건널 **제**	遇	만날 **우**
風	바람 **풍**	其	그 **기**	相	서로 **상**
救	건질 **구**	也	**야**(어조사)	如	같을 **여**
左	왼쪽 **좌**	右	오른쪽 **우**	手	손 **수**
是	옳을 **시**	故	연고 **고**	方	방향 **방**
馬	말 **마**	埋	묻을 **매**	輪	바퀴 **륜**
未	아닐 **미**	足	달릴 **족**	恃	믿을 **시**
也	**야**(어조사)	齊	가지런할 **제**	勇	날쌜 **용**
若	같을 **약**	一	한 **일**	政	정사 **정**
之	갈 **지**	道	길 **도**	也	**야**(어조사)
剛	굳셀 **강**	柔	부드러울 **유**	皆	다 **개**
得	얻을 **득**	地	땅 **지**	之	갈 **지**
理	다스릴 **리**	也	**야**(어조사)	故	연고 **고**
善	착할 **선**	用	쓸 **용**	兵	군사 **병**
者	놈 **자**	携	끌 **휴**	手	손 **수**
若	같을 **약**	使	하여금 **사**	一	한 **일**

人	사람 **인**	不	아닐 **부**	得	얻을 **득**
己	자기 **기**	也	**야**(어조사)		

의역

뛰어난 명장은 상산(常山)에 살고 있는 솔연(率然)이라는 전설의 뱀에 비유될 수 있습니다. 솔연의 머리를 치면 그는 꼬리에 의해 공격을 받을 것입니다. 꼬리를 치면 머리에 의해 공격을 받을 것입니다. 몸통 가운데를 치면 머리와 꼬리 모두에 의해 공격을 받을 것입니다. 그가 솔연 같은 군대를 만들 수 있느냐는 질문을 받는다면 그렇다고 대답할 것입니다.

호(吳)나라 사람들과 월(越)나라 사람들은 서로 적이지만, 만약 그들이 같은 배를 타고 강을 건너다가 폭풍우를 만난다면 왼손이 오른손을 돕는 것처럼 서로를 도울 것입니다. 그러나 전쟁을 벌인다면 서로 속이고 죽이려고 할 것입니다.

그러므로 말을 묶는 것과 수레바퀴를 땅에 묻는 것 등 군영 관리를 적당히 하면 안 됩니다. 군대를 관리하기 위해 엄격한 원칙과 기준을 정해야 합니다. 강점과 약점을 모두 어떻게 최대한으로 활용할 것인가, 그것은 지형의 효과적인 이용과 관련된 사안입니다. 그러므로 명장은 마치 그가 의지할 곳 없이 혼자서 이끄는 것처럼 그의 군대를 훌륭하게 지휘합니다.

11.5 將軍之事 장군지사

원문

將軍之事: 靜以幽, 正以治。能愚士卒之耳目,
장군지사 정이유 정이치 능우사졸지이목

使之無知。易其事, 革其謀, 使人無識;
사지무지 이기사 혁기모 사인무식

易其居, 迂其途, 使人不得慮。帥與之期,
이기거 우기도 사인부득려 수여지기

如登高而去其梯; 帥與之深入諸侯之地,
여등고이거기제 수여지심입제후지지

而發其機, 焚舟破釜, 若驅群羊, 驅而往,
이발기기 분주파부 약구군양 구이왕

驅而來, 莫知所之。聚三軍之衆, 投之于險,
구이래 막지소지 취삼군지중 투지우험

此謂將軍之事也。九地之變, 屈伸之利、
차위장군지사야 구지지변 굴신지리

人情之理, 不可不察。
인정지리 불가불찰

將	장수 **장**	軍	군사 **군**	之	갈 **지**
事	일 **사**	靜	고요할 **정**	以	써 **이**
幽	그윽할 **유**	正	바를 **정**	以	써 **이**

治	다스릴 **치**	能	능할 **능**	愚	어리석을 **우**
士	일할 **사**	卒	군사 **졸**	之	갈 **지**
耳	귀 **이**	目	눈 **목**	使	하여금 **사**
之	갈 **지**	無	없을 **무**	知	알 **지**
易	쉬울 **이**	其	그 **기**	事	일 **사**
革	가죽 **혁**	其	그 **기**	謀	꾀할 **모**
使	하여금 **사**	人	사람 **인**	無	없을 **무**
識	알 **식**	易	쉬울 **이**	其	그 **기**
居	있을 **거**	迂	멀 **우**	其	그 **기**
途	길 **도**	使	하여금 **사**	人	사람 **인**
不	아닐 **부**	得	얻을 **득**	慮	생각할 **려**
帥	장수 **수**	與	줄 **여**	之	갈 **지**
期	기약할 **기**	如	같을 **여**	登	오를 **등**
高	높을 **고**	而	말 이을 **이**	去	갈 **거**
其	그 **기**	梯	사다리 **제**	帥	장수 **수**
與	줄 **여**	之	갈 **지**	深	깊을 **심**
入	들 **입**	諸	모든 **제**	侯	임금 **후**
之	갈 **지**	地	땅 **지**	而	말 이을 **이**
發	쏠 **발**	其	그 **기**	機	틀 **기**
焚	불사를 **분**	舟	배 **주**	破	깨뜨릴 **파**
釜	가마 **부**	若	같을 **약**	驅	몰 **구**
群	무리 **군**	羊	양 **양**	驅	몰 **구**
而	말 이을 **이**	往	갈 **왕**	驅	몰 **구**
而	말 이을 **이**	來	올 **래**	莫	없을 **막**
知	알 **지**	所	바 **소**	之	갈 **지**
聚	모일 **취**	三	석 **삼**	軍	군사 **군**
之	갈 **지**	衆	무리 **중**	投	던질 **투**
之	갈 **지**	于	**우**(어조사)	險	험할 **험**
此	이 **차**	謂	이를 **위**	將	장수 **장**
軍	군사 **군**	之	갈 **지**	事	일 **사**
也	**야**(어조사)	九	아홉 **구**	地	땅 **지**

之	갈 **지**	變	변할 **변**	屈	굽을 **굴**
伸	펼 **신**	之	갈 **지**	利	이할 **리**
人	사람 **인**	情	뜻 **정**	之	갈 **지**
理	다스릴 **리**	不	아닐 **불**	可	옳을 **가**
不	아닐 **불**	察	살필 **찰**		

의역

비밀을 엄격히 지키는 것이 장수의 본분입니다. 정직하고 정의로우며 질서를 유지하기 위함입니다. 장수는 거짓 정보로 장교들과 부하들을 현혹시킬 수 있어야 하며, 그리하여 그들을 전혀 눈치채지 못하게 만들 수 있어야 합니다. 장수는 계획을 변경하기도 하고 변경된 계획에 대한 비밀을 유지해야 합니다. 장수는 군대를 우회로로 진군시켜서 적들이 자신의 목적을 예상하지 못하게 해야 합니다.

결정적인 순간에 장수는 높은 곳에 올라간 사람처럼 행동하고 그의 뒤에 있는 사다리를 걷어차 버립니다. 그는 부하들을 화살처럼 적의 영토 깊숙이 보냅니다. 장수는 배를 불태우고, 가마솥을 부수고, 양 떼를 몰고 다니는 양치기처럼 부하들을 이리저리 몰아대며, 그들이 어디로 가는지 아무도 모르게 합니다. 그의 말을 불러들여 위험에 빠뜨리는 것은 장수의 일이라고 할 수 있습니다.

이들 아홉 가지 다양하고 적절한 조치들은 공격과 방어에 대한 편법적인 전술, 그리고 인간 본성의 기본 법칙이기 때문에 반드시 유념하고 터득해야 할 요소입니다.

11.6 爲客之道 위객지도 ❷

원문

凡爲客之道, 深則專, 淺則散。去國越境而師者,
범위객지도 심칙전 천칙산 거국월경이사자
絶地也; 四達者, 衢地也; 入深者, 重地也;
절지야 사달자 충지야 입심자 중지야
入淺者, 輕地也; 背固前隘者, 圍地也;
입천자 경지야 배고전애자 위지야
無所往者, 死地也。是故散地, 吾將一其志;
무소왕자 사지야 시고산지 오장일기지
輕地, 吾將使之屬; 爭地, 吾將趨其後;
경지 오장사지속 쟁지 오장추기후
交地, 吾將謹其守; 衢地, 吾將固其結;
교지 오장근기수 충지 오장고기결
重地, 吾將繼其食; 圮地, 吾將進其塗;
중지 오장계기식 비지 오장진기도
圍地, 吾將塞其闕; 死地, 吾將示之以不活。
위지 오장새기궐 사지 오장시지이불활
故兵之情, 圍則御, 不得已則鬥, 過則從。
고병지정 위칙어 부득기칙문 과칙종

凡	무릇 **범**	爲	할 **위**	客	손 **객**
之	갈 **지**	道	길 **도**	深	깊을 **심**
則	법칙 **칙**	專	오로지 **전**	淺	얕을 **천**
則	법칙 **칙**	散	흩을 **산**	去	갈 **거**
國	나라 **국**	越	넘을 **월**	境	곳 **경**
而	말 이을 **이**	師	잘 훈련된 군사 **사**	者	놈 **자**
絶	끊을 **절**	地	땅 **지**	也	**야**(어조사)
四	넉 **사**	達	통달할 **달**	者	놈 **자**
衝	찌를 **충**	地	땅 **지**	也	**야**(어조사)
入	들 **입**	深	깊을 **심**	者	놈 **자**
重	무거울 **중**	地	땅 **지**	也	**야**(어조사)
入	들 **입**	淺	얕을 **천**	者	놈 **자**
輕	가벼울 **경**	地	땅 **지**	也	**야**(어조사)
背	등 **배**	固	굳을 **고**	前	앞 **전**
隘	좁을 **애**	者	놈 **자**	圍	둘레 **위**
地	땅 **지**	也	**야**(어조사)	無	없을 **무**
所	바 **소**	往	갈 **왕**	者	놈 **자**
死	죽을 **사**	地	땅 **지**	也	**야**(어조사)
是	옳을 **시**	故	연고 **고**	散	흩을 **산**
地	땅 **지**	吾	나 **오**	將	장차 **장**
一	한 **일**	其	그 **기**	志	뜻 **지**
輕	가벼울 **경**	地	땅 **지**	吾	나 **오**
將	장차 **장**	使	하여금 **사**	之	갈 **지**
屬	엮을 **속**	爭	다툴 **쟁**	地	땅 **지**
吾	나 **오**	將	장차 **장**	趨	달릴 **추**
其	그 **기**	後	뒤 **후**	交	주고 받을 **교**
地	땅 **지**	吾	나 **오**	將	장차 **장**
謹	삼갈 **근**	其	그 **기**	守	지킬 **수**
衝	찌를 **충**	地	땅 **지**	吾	나 **오**
將	장차 **장**	固	굳을 **고**	其	그 **기**
結	맺을 **결**	重	무거울 **중**	地	땅 **지**

吾	나 **오**	將	장차 **장**	繼	이을 **계**
其	그 **기**	食	밥 **식**	圮	무너질 **비**
地	땅 **지**	吾	나 **오**	將	장차 **장**
進	나아갈 **진**	其	그 **기**	塗	진흙 **도**
圍	둘레 **위**	地	땅 **지**	吾	나 **오**
將	장차 **장**	塞	변방 **새**	其	그 **기**
闕	대궐 **궐**	死	죽을 **사**	地	땅 **지**
吾	나 **오**	將	장차 **장**	示	보일 **시**
之	갈 **지**	以	써 **이**	不	아닐 **불**
活	살 **활**	故	연고 **고**	兵	군사 **병**
之	갈 **지**	情	뜻 **정**	圍	둘레 **위**
則	법칙 **칙**	御	다스릴 **어**	不	아닐 **부**
得	얻을 **득**	己	자기 **기**	則	법칙 **칙**
門	문 **문**	過	지나갈 **과**	則	법칙 **칙**
從	쫓을 **종**				

의역

적의 영토를 침략할 때 일반적인 원칙은 깊이 침투하면 아군의 응집력을 가져온다는 것입니다. 침투하지만 짧은 길은 분산을 의미합니다. 조국을 뒤로하고 군대를 이웃 영토를 가로질러 진군할 때 자신이 위험한 곳에 있다는 것을 발견합니다.

사방에 통신 수단이 있을 때 지상은 교차하는 도로 중 하나입니다. 적국에 깊이 침투할 때 그것은 심각한 땅입니다. 적국에 조금만 침투하면 그것은 쉬운 땅입니다. 적의 아성을 후방에 두고 좁은 통로를 전방에 두면 그것은 포위된 땅입니다. 피난처가 전혀 없을 때는 절망적인 땅입니다.

그러므로 분산된 땅에서 부하들에게 일관되게 목표를 일깨워야 합니다. 군대의 모든 부분이 밀접하게 연결되어 있도록 해야 합니다. 논쟁의 여지가 있는 곳에서는 군대를 적의 후방으로 급히 이동시켜야 합니다. 공터에서는 방어를 해야 합니다. 도로가 교차하는 곳에서는 이웃 나라와 동맹을 공고히 해야 합니다. 보급물자가 지속적으로 공급되도록 해야 합니다. 어려운 상황에서도 진군을 계속해야 합니다. 포위된 곳에서는 후퇴하는 모든 길을 차단해야 합니다. 절망적인 상황에서는 병사들에게 그들의 목숨을 구하기 어렵다는 절망감을 선언해야 합니다. 포위당했을 때는 완강히 저항하고, 자신이 어쩔 수 없을 때는 열심히 싸우고, 위험에 빠졌을 때는 즉시 복종하는 것이 군인의 본분인 것입니다.

11.7 霸王之兵 패왕지병

원문

是故不知諸侯之謀者, 不能預交; 不知山林、
시고부지제후지모자 불능예교 부지산림
險阻、沮澤之形者, 不能行軍; 不用鄕導者,
험조 저택지형자 불능행군 불용향도자
不能得地利。四五者, 不知一, 非霸王之兵也。
불능득지리 사오자 부지일 비패왕지병야
夫霸王之兵, 伐大國, 則其衆不得聚;
부패왕지병 벌대국 칙기중부득취
威加于敵, 則其交不得合。是故不爭天下之交,
위가우적 칙기교부득합 시고부쟁천하지교
不養天下之權, 信己之私, 威加于敵,
불양천하지권 신기지사 위가우적
則其城可拔, 其國可隳。
칙기성가발 기국가휴

是	옳을 **시**	故	연고 **고**	不	아닐 **부**
知	알 **지**	諸	모든 **제**	侯	임금 **후**
之	갈 **지**	謀	꾀할 **모**	者	놈 **자**
不	아닐 **불**	能	능할 **능**	預	미리 **예**
交	사귈 **교**	不	아닐 **부**	知	알 **지**

山	뫼 **산**	林	수풀 **림**	險	험할 **험**
阻	험할 **조**	沮	막을 **저**	澤	못 **택**
之	갈 **지**	形	모양 **형**	者	놈 **자**
不	아닐 **불**	能	능할 **능**	行	갈 **행**
軍	군사 **군**	不	아닐 **불**	用	쓸 **용**
鄕	시골 **향**	導	이끌 **도**	者	놈 **자**
不	아닐 **불**	能	능할 **능**	得	얻을 **득**
地	땅 **지**	利	이할 **리**	四	넉 **사**
五	다섯 **오**	者	놈 **자**	不	아닐 **부**
知	알 **지**	一	한 **일**	非	아닐 **비**
覇	으뜸 **패**	王	임금 **왕**	之	갈 **지**
兵	군사 **병**	也	**야**(어조사)	夫	지아비 **부**
覇	으뜸 **패**	王	임금 **왕**	之	갈 **지**
兵	군사 **병**	伐	칠 **벌**	大	큰 **대**
國	나라 **국**	則	법칙 **칙**	其	그 **기**
衆	무리 **중**	不	아닐 **부**	得	얻을 **득**
聚	모일 **취**	威	위엄 **위**	加	더할 **가**
于	**우**(어조사)	敵	원수 **적**	則	법칙 **칙**
其	그 **기**	交	사귈 **교**	不	아닐 **부**
得	얻을 **득**	合	합할 **합**	是	옳을 **시**
故	연고 **고**	不	아닐 **부**	爭	다툴 **쟁**
天	하늘 **천**	下	아래 **하**	之	갈 **지**
交	사귈 **교**	不	아닐 **불**	養	기를 **양**
天	하늘 **천**	下	아래 **하**	之	갈 **지**
權	저울질할 **권**	信	믿을 **신**	己	자기 **기**
之	갈 **지**	私	개인 **사**	威	위엄 **위**
加	더할 **가**	于	**우**(어조사)	敵	원수 **적**
則	법칙 **칙**	其	그 **기**	城	성 **성**
可	옳을 **가**	拔	뺄 **발**	其	그 **기**
國	나라 **국**	可	옳을 **가**	隳	무너뜨릴 **휴**

의역

이웃 국가들의 계략을 알기 전에는 그들과 동맹을 맺으면 안 됩니다. 지형, 즉 산과 숲, 함정과 절벽, 습지와 늪에 익숙하지 않으면 군대를 이끌고 진군하기에 적합하지 않습니다. 현지 가이드를 이용하지 않는 한 자연적인 이점을 이용할 수 없을 것입니다. 패권국이라면 이러한 원칙 중 단 하나도 무시하지 않습니다.

패권국이 강한 적국을 공격할 때 장수라면 상대방이 힘을 모으지 못 하도록 해야 합니다. 적을 압도하여 대항하는 것을 막아 내어야 합니다. 그러므로 장수는 적당히 연합하려고 하지 않으며, 힘을 과시하지도 않습니다. 적들을 경외하게 하면서도 그만의 비밀스러운 계략을 실행에 옮깁니다. 그리하여 적국의 도시를 점령하고 적국을 전복시킬 수 있습니다.

11.8 爲兵之事 위병지사 ❶

원문

施無法之賞, 懸無政之令; 犯三軍之衆,
시 무 법 지 상 현 무 정 지 령 범 삼 군 지 중

若使一人。犯之以事, 勿告以言; 犯之以利,
약 사 일 인 범 지 이 사 물 고 이 언 범 지 이 리

勿告以害。投之亡地然後存, 陷之死地然後生。
물 고 이 해 투 지 망 지 연 후 존 함 지 사 지 연 후 생

夫衆陷于害, 然後能爲勝敗。故爲兵之事,
부 중 함 우 해 연 후 능 위 승 패 고 위 병 지 사

在于順詳敵之意, 并敵一向, 千里殺將,
재 우 순 상 적 지 의 병 적 일 향 천 리 살 장

此謂巧能成事者也。
차 위 교 능 성 사 자 야

施	베풀 **시**	無	없을 **무**	法	법 **법**
之	갈 **지**	賞	상줄 **상**	懸	매달 **현**
無	없을 **무**	政	정사 **정**	之	갈 **지**
令	영 **령**	犯	범할 **범**	三	석 **삼**
軍	군사 **군**	之	갈 **지**	衆	무리 **중**
若	같을 **약**	使	하여금 **사**	一	한 **일**
人	사람 **인**	犯	범할 **범**	之	갈 **지**

以	써 **이**	事	일 **사**	勿	말 **물**
告	알릴 **고**	以	써 **이**	言	말씀 **언**
犯	범할 **범**	之	갈 **지**	以	써 **이**
利	이할 **리**	勿	말 **물**	告	알릴 **고**
以	써 **이**	害	해칠 **해**	投	던질 **투**
之	갈 **지**	亡	망할 **망**	地	땅 **지**
然	그러할 **연**	後	뒤 **후**	存	있을 **존**
陷	빠질 **함**	之	갈 **지**	死	죽을 **사**
地	땅 **지**	然	그러할 **연**	後	뒤 **후**
生	날 **생**	夫	지아비 **부**	衆	무리 **중**
陷	빠질 **함**	于	**우**(어조사)	害	해칠 **해**
然	그러할 **연**	後	뒤 **후**	能	능할 **능**
爲	할 **위**	勝	이길 **승**	敗	깨뜨릴 **패**
故	연고 **고**	爲	할 **위**	兵	군사 **병**
之	갈 **지**	事	일 **사**	在	있을 **재**
于	**우**(어조사)	順	순할 **순**	詳	자세할 **상**
敵	원수 **적**	之	갈 **지**	意	뜻 **의**
并	어우럴 **병**	敵	원수 **적**	一	한 **일**
向	향할 **향**	千	일천 **천**	里	거리 **리**
殺	죽일 **살**	將	장수 **장**	此	이 **차**
謂	이를 **위**	巧	공교할 **교**	能	능할 **능**
成	이룰 **성**	事	일 **사**	者	놈 **자**
也	**야**(어조사)				

의역

규칙과 상관없이 상을 주고, 사전에 준비된 계획과 상관없이 명령을 내리십시오. 그러면 당신은 마치 한 사람을 다루는 것처럼 전군(全軍)을 다룰 수 있을 것입니다.

군사들에게 행위 자체로 상대하십시오. 절대로 그들에게 당신의 계획을 사전에 알리지 마십시오. 전망이 밝을 때는 계획을 그들 앞에 제시하되, 상황이 좋지 않을 때는 아무 말도 하지 마십시오. 당신의 군대를 치명적인 위험에 처하게 하면 살아남을 것입니다. 절망적인 곤경에 빠뜨리면 그 위험은 안전하게 사라질 것입니다. 군대가 위험에 빠졌을 때 승리를 위해 타격을 가할 수 있기 때문입니다.

전쟁의 성공은 적의 목적에 신중하게 대응함으로써 얻어집니다. 적의 측면에 끈질기게 매달림으로써 천 리 떨어진 곳에서 적의 총사령관을 결국에는 죽일 수 있을 것입니다. 이것은 순전히 교활함으로 어떤 일을 성취하는 능력입니다.

11.9 爲兵之事 위병지사 ❷

원문

是故政擧之日, 夷關折符, 無通其使, 厲于廊廟之上,
시고정거지일 이관절부 무통기사 여우랑묘지상

以誅其事。敵人開闔, 必亟入之。先其所愛,
이주기사 적인개합 필극입지 선기소애

微與之期。踐墨隨敵, 以決戰事。是故始如處女,
미여지기 천묵수적 이결전사 시고시여처녀

敵人開戶; 後如脫兔, 敵不及拒。
적인개호 후여탈토 적불급거

是	옳을 **시**	故	연고 **고**	政	정사 **정**
擧	들 **거**	之	갈 **지**	日	해 **일**
夷	오랑캐 **이**	關	빗장 **관**	折	꺾을 **절**
符	부신 **부**	無	없을 **무**	通	통할 **통**
其	그 **기**	使	하여금 **사**	厲	갈 **려**
于	**우**(어조사)	廊	복도 **랑**	廟	사당 **묘**
之	갈 **지**	上	위 **상**	以	써 **이**
誅	벨 **주**	其	그 **기**	事	일 **사**
敵	원수 **적**	人	사람 **인**	開	열 **개**
闔	문짝 **합**	必	반드시 **필**	亟	빠를 **극**
入	들 **입**	之	갈 **지**	先	먼저 **선**

其	그 **기**	所	바 **소**	愛	사랑 **애**
微	작을 **미**	與	줄 **여**	之	갈 **지**
期	기약할 **기**	賤	천할 **천**	墨	먹 **묵**
隨	따를 **수**	敵	원수 **적**	以	써 **이**
決	결단할 **결**	戰	싸울 **전**	事	일 **사**
是	옳을 **시**	故	연고 **고**	始	처음 **시**
如	같을 **여**	處	살 **처**	女	여자 **녀**
敵	원수 **적**	人	사람 **인**	開	열 **개**
戶	지게 **호**	後	뒤 **후**	如	같을 **여**
脫	벗을 **탈**	兔	토끼 **토**	敵	원수 **적**
不	아닐 **불**	及	미칠 **급**	拒	막을 **거**

의역

소집 명령을 받는 날에 국경 통행로를 막고, 공식적인 통행로를 파괴하고, 모든 사절단의 통행을 중단시키십시오. 상황을 통제할 수 있도록 회의실에서 엄격하게 행동하십시오. 적들이 길을 개방한다면 당신은 달려들어야 합니다.

상대가 소중히 여기는 것을 움켜쥐고, 상대가 그곳에 도착하는 시간을 교묘하게 맞추기 위해 노력하십시오. 진군을 결정할 때 규칙에 따라 정해진 경로를 따르지 말고, 변화하는 적의 계략에 그때그때 대응해야 합니다. 그런 다음, 처음에는 적이 당신에게 기회를 줄 때까지 순진한 척 행동하십시오. 그러나 나중에는 달리는 산토끼처럼 내달리십시오. 그러면 적이 당신을 막기에 너무 늦을 것입니다.

孫子兵法

손자병법

원문 읽기

제12장

화공
(火攻)

대규모 공격

12.1 火攻五者 화공오자

원문

凡火攻有五：一曰火人，二曰火積，三曰火輜，
범 화 공 유 오 일 왈 화 인 이 왈 화 적 삼 왈 화 치
四曰火庫，五曰火隊。行火必有因，煙火必素具。
사 왈 화 고 오 왈 화 대 행 화 필 유 인 연 화 필 소 구
發火有時，起火有日。時者，天之燥也；日者，
발 화 유 시 기 화 유 일 시 자 천 지 조 야 일 자
月在箕、壁、翼、軫也。凡此四宿者，風起之日也。
월 재 기 벽 익 진 야 범 차 사 숙 자 풍 기 지 일 야

凡	무릇 **범**	火	불 **화**	攻	칠 **공**
有	있을 **유**	五	다섯 **오**	一	한 **일**
曰	가로 **왈**	火	불 **화**	人	사람 **인**
二	두 **이**	曰	가로 **왈**	火	불 **화**
積	쌓을 **적**	三	석 **삼**	曰	가로 **왈**
火	불 **화**	輜	짐수레 **치**	四	넉 **사**
曰	가로 **왈**	火	불 **화**	庫	곳집 **고**
五	다섯 **오**	曰	가로 **왈**	火	불 **화**
隊	대 **대**	行	갈 **행**	火	불 **화**
必	반드시 **필**	有	있을 **유**	因	인할 **인**
煙	연기 **연**	火	불 **화**	必	반드시 **필**
素	흴 **소**	具	갖출 **구**	發	쏠 **발**
火	불 **화**	有	있을 **유**	時	때 **시**

起	일어날 **기**	火	불 **화**	有	있을 **유**
日	해 **일**	時	때 **시**	者	놈 **자**
天	하늘 **천**	之	갈 **지**	燥	마를 **조**
也	**야**(어조사)	日	해 **일**	者	놈 **자**
月	달 **월**	在	있을 **재**	箕	키 **기**
壁	벽 **벽**	翼	날개 **익**	軫	수레 뒤턱 가로장 **진**
也	**야**(어조사)	凡	무릇 **범**	此	이 **차**
四	넉 **사**	宿	묵을 **숙**	者	놈 **자**
風	바람 **풍**	起	일어날 **기**	之	갈 **지**
日	해 **일**	也	**야**(어조사)		

의역

대규모 공격에는 다섯 가지 방법이 있습니다. 첫 번째는 적 진영을 공격하는 것입니다. 두 번째는 보급품 창고를 공격하는 것입니다. 세 번째는 보급품 수송 차량을 공격하는 것입니다. 네 번째는 무기고와 탄약고를 공격하는 것입니다. 다섯 번째는 적의 보급로를 공격하는 것입니다.

대규모 공격을 수행하기 위해서는 사용 가능한 수단이 있어야 합니다. 공격을 위한 재료는 항상 준비된 상태로 유지되어야 합니다. 불로 공격하기에 적절한 계절이 있고, 특별한 날이 있습니다. 적절한 계절은 날씨가 매우 건조한 날이고, 특별한 날은 달이 체(Sieve), 벽(Wall), 날개(Wing) 또는 십자봉(Crossbar) 별자리에 있는 날입니다. 이 네 날은 모두 바람이 잘 부는 날이기 때문입니다.

12.2 五火之變 오화지변

원문

凡火攻， 火因五火之變而應之。火發于內，
범 화 공 화 인 오 화 지 변 이 응 지 화 발 우 내

則早應之于外。火發兵靜者， 待而勿攻，
칙 조 응 지 우 외 화 발 병 정 자 대 이 물 공

極其火力， 可從而從之， 不可從而止。
극 기 화 력 가 종 이 종 지 불 가 종 이 지

火可發于外， 無待于內， 以時發之。火發上風，
화 가 발 우 외 무 대 우 내 이 시 발 지 화 발 상 풍

無攻下風。晝風久， 夜風止。凡軍必知有五火之變，
무 공 하 풍 주 풍 구 야 풍 지 범 군 필 지 유 오 화 지 변

以數守之。
이 수 수 지

凡	무릇 **범**	火	불 **화**	攻	칠 **공**
火	불 **화**	因	인할 **인**	五	다섯 **오**
火	불 **화**	之	갈 **지**	變	변할 **변**
而	말 이을 **이**	應	응할 **응**	之	갈 **지**
火	불 **화**	發	쏠 **발**	于	**우**(어조사)
內	안 **내**	則	법칙 **칙**	早	새벽 **조**
應	응할 **응**	之	갈 **지**	于	**우**(어조사)

外	밖 **외**	火	불 **화**	發	쏠 **발**
兵	군사 **병**	靜	고요할 **정**	者	놈 **자**
待	기다릴 **대**	而	말 이을 **이**	勿	말 **물**
攻	칠 **공**	極	다할 **극**	其	그 **기**
火	불 **화**	力	힘 **력**	可	옳을 **가**
從	좇을 **종**	而	말 이을 **이**	從	좇을 **종**
之	갈 **지**	不	아닐 **불**	可	옳을 **가**
從	좇을 **종**	而	말 이을 **이**	止	멈출 **지**
火	불 **화**	可	옳을 **가**	發	쏠 **발**
于	**우**(어조사)	外	밖 **외**	無	없을 **무**
待	기다릴 **대**	于	**우**(어조사)	內	안 **내**
以	써 **이**	時	때 **시**	發	쏠 **발**
之	갈 **지**	火	불 **화**	發	쏠 **발**
上	위 **상**	風	바람 **풍**	無	없을 **무**
攻	칠 **공**	下	아래 **하**	風	바람 **풍**
晝	낮 **주**	風	바람 **풍**	久	오랠 **구**
夜	밤 **야**	風	바람 **풍**	止	멈출 **지**
凡	무릇 **범**	軍	군사 **군**	必	반드시 **필**
知	알 **지**	有	있을 **유**	五	다섯 **오**
火	불 **화**	之	갈 **지**	變	변할 **변**
以	써 **이**	數	셀 **수**	守	지킬 **수**
之	갈 **지**				

의역

대규모 공격을 진행할 때는 다섯 가지의 가능성에 대비해야 합니다. 즉 (1) 적진 안에서 불이 나고 나서 적이 공격해 오면 즉시 대응하십시오. (2) 불이 났는데도 적군이 조용히 있다면 때를 기다리면서 공격하지 마십시오. (3) 불길의 힘이 최고조에 이르렀을 때는 공격이 가능하다면 추가 공격을 진행하고, 만약 그것이 어렵다면 당신이 있는 곳에 머무르십시오. (4) 공격이 가능하다면 기다리지 말고 유리한 시점에 공격을 시작하십시오. (5) 불을 지를 때는 바람을 향합니다. 바람이 불어오는 쪽에서 공격하지 마십시오. 낮에 부는 바람은 오래 지속되지만 밤에 부는 바람은 금세 잦아듭니다.

불을 이용한 공격을 진행할 때는 불에 관련된 다섯 가지 지식을 알고, 별들의 움직임을 계산하고, 불의 공격을 위한 타이밍을 지켜야 합니다.

12.3 火攻者明 화공자명

원문

故以火佐攻者明，以水佐攻者强。水可以絶，
고 이 화 좌 공 자 명 　 이 수 좌 공 자 강 　 수 가 이 절

不可以奪。
불 가 이 탈

故	연고 **고**	以	써 **이**	火	불 **화**
佐	도울 **좌**	攻	칠 **공**	者	놈 **자**
明	밝을 **명**	以	써 **이**	水	물 **수**
佐	도울 **좌**	攻	칠 **공**	者	놈 **자**
强	굳셀 **강**	水	물 **수**	可	옳을 **가**
以	써 **이**	絶	끊을 **절**	不	아닐 **불**
可	옳을 **가**	以	써 **이**	奪	빼앗을 **탈**

의역

그러므로 화공(火攻)을 이용하는 군대가 더 지능적입니다. 수공(水攻)을 이용하는 군대도 힘을 얻습니다. 그러나 수공으로는 적을 무너뜨릴 수는 있어도 적의 재산을 파괴할 수는 없습니다.

12.4 君愼將警 군진장경

원문

夫戰勝攻取, 而不修其攻者凶, 命曰費留。
부전승공취 이불수기공자흉 명왈비류

故曰: 明主慮之, 良將修之。非利不動,
고왈 명주려지 양장수지 비리부동

非得不用, 非危不戰。主不可以怒而與師,
비득불용 비위부전 주불가이노이여사

將不可以慍而致戰。合于利而動, 不合于利而止。
장불가이온이치전 합우리이동 불합우리이지

怒可以復喜, 慍可以復悅, 亡國不可以復存,
노가이복희 온가이복열 망국불가이복존

死者不可以復生。故明君愼之, 良將警之。
사자불가이복생 고명군신지 양장경지

此安國全軍之道也。
차안국전군지도야

夫	지아비 **부**	戰	싸울 **전**	勝	이길 **승**
攻	칠 **공**	取	취할 **취**	而	말 이을 **이**
不	아닐 **불**	修	닦을 **수**	其	그 **기**
攻	칠 **공**	者	놈 **자**	凶	흉할 **흉**
命	목숨 **명**	曰	가로 **왈**	費	쓸 **비**
留	머무를 **류**	故	연고 **고**	曰	가로 **왈**
明	밝을 **명**	主	주인 **주**	慮	생각할 **려**
之	갈 **지**	良	좋을 **량**	將	장수 **장**
修	닦을 **수**	之	갈 **지**	非	아닐 **비**
利	이할 **리**	不	아닐 **부**	動	움직일 **동**
非	아닐 **비**	得	얻을 **득**	不	아닐 **불**
用	쓸 **용**	非	아닐 **비**	危	위태할 **위**
不	아닐 **부**	戰	싸울 **전**	主	주인 **주**
不	아닐 **불**	可	옳을 **가**	以	써 **이**
怒	성낼 **로**	而	말 이을 **이**	與	줄 **여**
師	잘 훈련된 군사 **사**	將	장수 **장**	不	아닐 **불**
可	옳을 **가**	以	써 **이**	慍	성낼 **온**
而	말 이을 **이**	致	보낼 **치**	戰	싸울 **전**
合	합할 **합**	于	**우**(어조사)	利	이할 **리**
而	말 이을 **이**	動	움직일 **동**	不	아닐 **불**
合	합할 **합**	于	**우**(어조사)	利	이할 **리**
而	말 이을 **이**	止	멈출 **지**	怒	성낼 **로**
可	옳을 **가**	以	써 **이**	復	돌아올 **복**
喜	기쁠 **희**	慍	성낼 **온**	可	옳을 **가**
以	써 **이**	復	돌아올 **복**	悅	기쁠 **열**
亡	망할 **망**	國	나라 **국**	不	아닐 **불**
可	옳을 **가**	以	써 **이**	復	돌아올 **복**
存	있을 **존**	死	죽을 **사**	者	놈 **자**
不	아닐 **불**	可	옳을 **가**	以	써 **이**

復	돌아올 **복**	生	날 **생**	故	연고 **고**
明	밝을 **명**	君	임금 **군**	愼	삼갈 **신**
之	갈 **지**	良	좋을 **량**	將	장수 **장**
警	경계할 **경**	之	갈 **지**	此	이 **차**
安	편안할 **안**	國	나라 **국**	全	온전할 **전**
軍	군사 **군**	之	갈 **지**	道	길 **도**
也	**야**(어조사)				

의역

기업가 정신을 함양하지 않고 전쟁에서 승리하고 공격에 성공하려는 통치자와 장수의 운명은 불행합니다. 그 결과는 시간 낭비와 전반적인 침체입니다.

다음과 같은 말이 있습니다. 지혜를 얻은 통치자는 자신의 계획을 사전에 준비하고, 훌륭한 장수는 자신의 군대를 훈련시킵니다. 유리하지 않는 한 움직이지 말고, 얻을 것이 없는 한 군대를 사용하지 말고, 진지가 위급하지 않은 한 싸우지 마십시오.

어떤 통치자도 단지 자신의 욕망을 만족시키기 위해 군대를 전장에 투입해서는 안 됩니다. 어떤 장수도 단순히 승리를 위해 전쟁을 시작해서는 안 됩니다.

그것이 당신에게 유리하다면 전진하십시오. 그렇지 않다면 현

재 위치에 머무르십시오. 분노는 시간이 지남에 따라 기쁨으로 바뀔 수 있습니다. 분노는 만족으로 바뀝니다. 그러나 한번 멸망한 나라는 다시 태어나지 못할 것이며, 죽은 사람도 다시 살아날 수 없을 것입니다.

그러므로 지혜로운 통치자와 훌륭한 장수는 이 점을 유념해야 합니다. 이것이 나라를 평화롭게 하고 군대를 온전하게 하는 길입니다.

孫子
손 자
兵法
병 법
원문 읽기

제13장

용간
(用間)

정보 수집과 활용

13.1 知敵之情 지적지정

원문

凡與師十萬, 出征千里, 百姓之費, 公家之奉,
범 여 사 십 만　출 정 천 리　백 성 지 비　공 가 지 봉

日費千金。內外騷動, 怠于道路, 不得燥事者,
일 비 천 금　내 외 소 동　태 우 도 로　부 득 조 사 자

七十萬家。相守數年, 以爭一日之勝,
칠 십 만 가　상 수 수 년　이 쟁 일 일 지 승

而愛爵祿百金, 不知敵之情者, 不仁之至也,
이 애 작 록 백 금　부 지 적 지 정 자　불 인 지 지 야

非人之將也, 非主之佐也, 非勝之主也。
비 인 지 장 야　비 주 지 좌 야　비 승 지 주 야

故明君賢將, 所以動而勝人, 成攻出于衆者,
고 명 군 현 장　소 이 동 이 승 인　성 공 출 우 중 자

先知也。先知者, 不可取于鬼神, 不可象于事,
선 지 야　선 지 자　불 가 취 우 귀 신　불 가 상 우 사

不可驗于度, 心取于人, 知敵之情者也。
불 가 험 우 도　심 취 우 인　지 적 지 정 자 야

凡	무릇 **범**	與	불 **여**	師	잘 훈련된 군사 **사**
十	열 **십**	萬	일만 **만**	出	날 **출**
征	칠 **정**	千	일천 **천**	里	거리 **리**

百	일백 **백**	姓	성 **성**	之	갈 **지**
費	쓸 **비**	公	공변될 **공**	家	집 **가**
之	갈 **지**	奉	받들 **봉**	日	해 **일**
費	쓸 **비**	千	일천 **천**	金	쇠 **금**
內	안 **내**	外	밖 **외**	騷	떠들 **소**
動	움직일 **동**	怠	게으름 **태**	于	**우**(어조사)
道	길 **도**	路	길 **로**	不	아닐 **부**
得	얻을 **득**	燥	마를 **조**	事	일 **사**
者	놈 **자**	七	일곱 **칠**	十	열 **십**
萬	일만 **만**	家	집 **가**	相	서로 **상**
守	지킬 **수**	數	셀 **수**	年	해 **년**
以	써 **이**	爭	다툴 **쟁**	一	날 **일**
日	해 **일**	之	갈 **지**	勝	이길 **승**
而	말 이을 **이**	愛	사랑 **애**	爵	잔 **작**
祿	복 **록**	百	일백 **백**	金	쇠 **금**
不	아닐 **부**	知	알 **지**	敵	원수 **적**
之	갈 **지**	情	뜻 **정**	者	놈 **자**
不	아닐 **불**	仁	어질 **인**	之	갈 **지**
至	이를 **지**	也	**야**(어조사)	非	아닐 **비**
人	사람 **인**	之	갈 **지**	將	장수 **장**
也	**야**(어조사)	非	아닐 **비**	主	주인 **주**
之	갈 **지**	佐	도울 **좌**	也	**야**(어조사)
非	아닐 **비**	勝	이길 **승**	之	갈 **지**
主	주인 **주**	也	**야**(어조사)	故	연고 **고**
明	밝을 **명**	君	임금 **군**	賢	어질 **현**
將	장수 **장**	所	바 **소**	以	써 **이**
動	움직일 **동**	而	말 이을 **이**	勝	이길 **승**
人	사람 **인**	成	이룰 **성**	攻	칠 **공**
出	날 **출**	于	**우**(어조사)	衆	무리 **중**
者	놈 **자**	先	먼저 **선**	知	알 **지**
也	**야**(어조사)	先	먼저 **선**	知	알 **지**
者	놈 **자**	不	아닐 **불**	可	옳을 **가**

取	취할 **취**	于	**우**(어조사)	鬼	귀신 **귀**
神	귀신 **신**	不	아닐 **불**	可	옳을 **가**
象	코끼리 **상**	于	**우**(어조사)	事	일 **사**
不	아닐 **불**	可	옳을 **가**	驗	증험할 **험**
于	**우**(어조사)	度	법도 **도**	心	마음 **심**
取	취할 **취**	于	**우**(어조사)	人	사람 **인**
知	알 **지**	敵	원수 **적**	之	갈 **지**
情	뜻 **정**	者	놈 **자**	也	**야**(어조사)

의역

10만 명의 병력을 이끌고 먼 거리를 행군하는 것은 백성들에게 큰 손실을 입히고 국가의 자원을 고갈시키는 것입니다. 하루 지출은 금 천 냥에 이를 것입니다. 나라 안팎에서 소동이 벌어지고, 도로에서는 지친 군사들이 쓰러질 것입니다. 무려 70만 가구가 노동에 지장을 받을 것입니다. 하루 만에 결정되는 승리의 전쟁을 치르기 위해 몇 년 동안 적군과 대치할 수 있습니다.

그러므로 정보를 수집하는 데 드는 조그마한 예산을 아껴서는 안 됩니다. 이런 장수는 부하들에게 합당한 지휘관도 아니고, 군주에게 도움도 안 되고, 승리를 쟁취할 수 없습니다. 현명한 군주와 훌륭한 장수에게는 적을 공격하고 정복하고 일반 백성이 구하기 어려운 것을 얻어 주는 예지력이 필요합니다. 이 예지력은 자연적으로 얻을 수 있는 것이 아닙니다. 경험이나 추정으로 얻을 수 없습니다. 적의 상황을 잘 아는 정보 수집을 통해서만 적의 상황을 알 수 있는 것입니다.

13.2 用間有五 용간유오

원문

故用間有五: 有因間, 有內間, 有反間, 有死間,
고용간유오 유인간 유내간 유반간 유사간

有生間。五間俱起, 莫知其道, 是謂神起,
유생간 오간구기 막지기도 시위신기

人君之寶也。因間者, 因其鄕人而用之。內間者,
인군지보야 인간자 인기향인이용지 내간자

因其官人而用之。反間者, 因其敵間而用之。
인기관인이용지 반간자 인기적간이용지

死間者, 爲誑事于外, 令吾間知之, 而傳于敵間也。
사간자 위광사우외 영오간지지 이전우적간야

生間者, 反報也。
생간자 반보야

故	연고 **고**	用	쓸 **용**	間	틈 **간**
有	있을 **유**	五	다섯 **오**	有	있을 **유**
因	인할 **인**	間	틈 **간**	有	있을 **유**
內	안 **내**	間	틈 **간**	有	있을 **유**
反	되돌릴 **반**	間	틈 **간**	有	있을 **유**
死	죽을 **사**	間	틈 **간**	有	있을 **유**
生	날 **생**	間	틈 **간**	五	다섯 **오**

間	틈 **간**	俱	함께 **구**	起	일어날 **기**
莫	없을 **막**	知	알 **지**	其	그 **기**
道	길 **도**	是	옳을 **시**	謂	이를 **위**
神	귀신 **신**	起	일어날 **기**	人	사람 **인**
君	임금 **군**	之	갈 **지**	寶	보배 **보**
也	**야**(어조사)	因	인할 **인**	間	틈 **간**
者	놈 **자**	因	인할 **인**	其	그 **기**
鄕	시골 **향**	人	사람 **인**	而	말 이을 **이**
用	쓸 **용**	之	갈 **지**	內	안 **내**
間	틈 **간**	者	놈 **자**	因	인할 **인**
其	그 **기**	官	벼슬 **관**	人	사람 **인**
而	말 이을 **이**	用	쓸 **용**	之	갈 **지**
反	되돌릴 **반**	間	틈 **간**	者	놈 **자**
因	인할 **인**	其	그 **기**	敵	원수 **적**
間	틈 **간**	而	말 이을 **이**	用	쓸 **용**
之	갈 **지**	死	죽을 **사**	間	틈 **간**
者	놈 **자**	爲	할 **위**	誑	속일 **광**
事	일 **사**	于	**우**(어조사)	外	밖 **외**
令	영 **령**	吾	나 **오**	間	틈 **간**
知	알 **지**	之	갈 **지**	而	말 이을 **이**
傳	전할 **전**	于	**우**(어조사)	敵	원수 **적**
間	틈 **간**	也	**야**(어조사)	生	날 **생**
間	틈 **간**	者	놈 **자**	反	되돌릴 **반**
報	갚을 **보**	也	**야**(어조사)		

의역

정보의 종류는 다섯 가지 등급으로 분류됩니다. 즉 (1) 지역 정보(Local Information), (2) 내부 정보(Inward Information), (3) 변환된 정보(Converted Information), (4) 운명이 다한 정보(Doomed Information),

(5) 아직 살아 있는 정보(Surviving Information)입니다.

이들 다섯 종류의 정보는 철저히 비밀스럽게 수집하고 정리해야 합니다. 이것을 '바늘에 실을 꿰는 듯한 교묘한 조작(Divine manipulation of treads)'이라고 합니다. 이는 장수의 중요한 능력입니다.

지역 정보는 상대방 지역 주민들의 동태를 통해 수집합니다. 내부 정보는 상대방의 내부자와의 교류를 통해 수집합니다. 변환된 정보는 은퇴한 상대측 인사를 통해 수집합니다. 운명이 다한 정보는 상대방에게 제공하여 역이용합니다. 아직 가치 있는 정보는 다양한 방법으로 꾸준히 수집합니다.

13.3 三軍之事 삼군지사 ❶

원문

故三軍之事, 莫親于間, 賞莫厚于間,
고삼군지사 막친우간 상막후우간

事莫密于間。非聖智不能用間, 非仁義不能事間,
사막밀우간 비성지불능용간 비인의불능사간

非微妙不能得間之寶。微哉! 微哉!
비미묘불능득간지보 미재 미재

無所不用間也。間事未發, 而先聞者,
무소불용간야 간사미발 이선문자

聞與所告者皆死。
문여소고자개사

故	연고 **고**	三	석 **삼**	軍	군사 **군**
之	갈 **지**	事	일 **사**	莫	없을 **막**
親	친할 **친**	于	**우**(어조사)	間	틈 **간**
賞	상줄 **상**	莫	없을 **막**	厚	두터울 **후**
于	**우**(어조사)	間	틈 **간**	事	일 **사**
莫	없을 **막**	密	빽빽할 **밀**	于	**우**(어조사)
間	틈 **간**	非	아닐 **비**	聖	성스러울 **성**
智	슬기 **지**	不	아닐 **불**	能	능할 **능**
用	쓸 **용**	間	틈 **간**	非	아닐 **비**

한자	뜻과 음	한자	뜻과 음	한자	뜻과 음
仁	어질 **인**	義	옳을 **의**	不	아닐 **불**
能	능할 **능**	事	일 **사**	間	틈 **간**
非	아닐 **비**	微	작을 **미**	妙	묘할 **묘**
不	아닐 **불**	能	능할 **능**	得	얻을 **득**
間	틈 **간**	之	갈 **지**	寶	보배 **보**
微	작을 **미**	哉	**재**(어조사)	微	작을 **미**
哉	**재**(어조사)	無	없을 **무**	所	바 **소**
不	아닐 **불**	用	쓸 **용**	間	틈 **간**
也	**야**(어조사)	間	틈 **간**	事	일 **사**
未	아닐 **미**	發	쏠 **발**	而	말 이을 **이**
先	먼저 **선**	聞	들을 **문**	者	놈 **자**
聞	들을 **문**	與	줄 **여**	所	바 **소**
告	알릴 **고**	者	놈 **자**	皆	다 **개**
死	죽을 **사**				

의역

그러므로 전쟁에서 정보 수집이 매우 중요합니다. 중요한 정보 획득에 대해서는 큰 보상을 해 줘야 합니다. 정보 수집은 철저히 비밀을 유지하면서 진행되어야 합니다.

정보 수집자에게는 직관적인 지혜가 필요합니다. 이들에게는 선행과 정직함이 있어야 합니다. 그렇지 않고서는 그들이 수집한 정보의 진실성을 확인할 수 없습니다. 정보 수집은 교묘하지만 다양한 방법으로 이루어집니다. 수집한 정보를 다른 목적으로 누설한 자는 엄벌에 처해야 합니다.

13.4 三軍之事 삼군지사 ❷

원문

凡軍之所欲擊，城之所欲攻，人之所欲殺，
범 군 지 소 욕 격　성 지 소 욕 공　인 지 소 욕 살

必先知其守將、左右、謁者、門者、舍人之姓名，
필 선 지 기 수 장　좌 우　알 자　문 자　사 인 지 성 명

令吾間必索知之。
영 오 간 필 색 지 지

凡	무릇 **범**	軍	군사 **군**	之	갈 **지**
所	바 **소**	欲	하고자 할 **욕**	擊	부딪칠 **격**
城	성 **성**	之	갈 **지**	所	바 **소**
欲	하고자 할 **욕**	攻	칠 **공**	人	사람 **인**
之	갈 **지**	所	바 **소**	欲	하고자 할 **욕**
殺	죽일 **살**	必	반드시 **필**	先	먼저 **선**
知	갈 **지**	其	그 **기**	守	지킬 **수**
將	장수 **장**	左	왼쪽 **좌**	右	오른쪽 **우**
謁	아뢸 **알**	者	놈 **자**	門	문 **문**
者	놈 **자**	舍	집 **사**	人	사람 **인**
之	갈 **지**	姓	성 **성**	名	이름 **명**
令	영 **령**	吾	나 **오**	間	틈 **간**
必	반드시 **필**	索	찾을 **색**	知	알 **지**
之	갈 **지**				

의역

목표가 군대를 분쇄하는 것이든, 도시를 습격하는 것이든, 개인을 암살하는 것이든, 항상 상대방 장수의 수행원, 보조 캠프, 그리고 문지기와 보초의 이름을 알아내는 것으로 정보 수집을 시작합니다. 아군 측 정보 수집자에게는 이들 정보 수집 방법을 일임하여야 합니다.

13.5 五間之事 오간지사

원문

必索敵人之間來間我者，因而利之，導而舍之，
필 색 적 인 지 간 래 간 아 자　인 이 리 지　도 이 사 지

故反間可得而用也。因是而知之，故鄕間、
고 반 간 가 득 이 용 야　인 시 이 지 지　고 향 간

內間可得而使也。因是而知之，故死間爲誑事，
내 간 가 득 이 사 야　인 시 이 지 지　고 사 간 위 광 사

可使告敵。因是而知之，故生間可使如期。
가 사 고 적　인 시 이 지 지　고 생 간 가 사 여 기

五間之事，主必知之，知之必在于反間，
오 간 지 사　주 필 지 지　지 지 필 재 우 반 간

故反間不可不厚也。
고 반 간 불 가 불 후 야

必	반드시 **필**	索	찾을 **색**	敵	원수 **적**
人	사람 **인**	之	갈 **지**	間	틈 **간**
來	올 **래**	間	틈 **간**	我	나 **아**
者	놈 **자**	因	인할 **인**	而	말 이을 **이**
利	이할 **리**	之	갈 **지**	導	이끌 **도**
而	말 이을 **이**	舍	집 **사**	之	갈 **지**
故	연고 **고**	反	되돌릴 **반**	間	틈 **간**

可	옳을 **가**	得	얻을 **득**	而	말 이을 **이**
用	쓸 **용**	也	**야**(어조사)	因	인할 **인**
是	옳을 **시**	而	말 이을 **이**	知	알 **지**
之	갈 **지**	故	옛 **고**	鄕	시골 **향**
間	틈 **간**	內	안 **내**	間	틈 **간**
可	옳을 **가**	得	얻을 **득**	而	말 이을 **이**
使	하여금 **사**	也	**야**(어조사)	因	인할 **인**
是	옳을 **시**	而	말 이을 **이**	知	갈 **지**
之	갈 **지**	故	연고 **고**	死	죽을 **사**
間	틈 **간**	爲	할 **위**	誑	속일 **광**
事	일 **사**	可	옳을 **가**	使	하여금 **사**
告	알릴 **고**	敵	원수 **적**	因	인할 **인**
是	옳을 **시**	而	말 이을 **이**	知	알 **지**
之	갈 **지**	故	연고 **고**	生	날 **생**
間	틈 **간**	可	옳을 **가**	使	하여금 **사**
如	같을 **여**	期	기약할 **기**	五	다섯 **오**
間	틈 **간**	之	갈 **지**	事	일 **사**
主	주인 **주**	必	반드시 **필**	知	알 **지**
之	갈 **지**	知	알 **지**	之	갈 **지**
必	반드시 **필**	在	있을 **재**	于	**우**(어조사)
反	되돌릴 **반**	間	틈 **간**	故	연고 **고**
反	되돌릴 **반**	間	틈 **간**	不	아닐 **불**
可	옳을 **가**	不	아닐 **불**	厚	두터울 **후**
也	**야**(어조사)				

의역

아군 측 정보를 수집하러 온 적군의 정보 수집자를 찾아내어 선물로 유혹하고, 풀어주고, 편안하게 수용해야 합니다. 그래서 그들을 아군의 정보 수집에 역이용합니다. 이들이 가져온 정보를 통해 지역 및 내부 정보를 획득할 수 있습니다. 이들의 정보를 역이용하여 거짓 정보를 적에게 전달할 수 있습니다. 마지막으로 아직 살아 있는 정보는 결정적인 순간에 유용하게 활용될 수 있습니다.

다섯 가지 모든 종류의 수집 활동으로 얻은 정보는 장수의 지식이 됩니다. 이 지식은 결국 변환된 정보 수집을 통해서만 얻을 수 있습니다. 그러므로 변환된 정보 수집을 가장 중요하게 다루어야 합니다.

13.6 上智爲間 상지위간

원문

昔殷之與也，伊摯在夏；周之與也，呂牙在殷。
석 은 지 여 야　이 격 재 하　주 지 여 야　려 아 재 은

故惟明君賢將，能以上智爲間者，必成大功。
고 유 명 군 현 장　능 이 상 지 위 간 자　필 성 대 공

此兵之要, 三軍之所恃而動也。
차 병 지 요　삼 군 지 소 시 이 동 야

昔	예 **석**	殷	은나라 **은**	之	갈 **지**
與	줄 **여**	也	**야**(어조사)	伊	저 **이**
擊	부딪칠 **격**	在	있을 **재**	夏	하나라 **하**
周	주나라 **주**	之	갈 **지**	與	줄 **여**
也	**야**(어조사)	呂	음률 **려**	牙	어금니 **아**
在	있을 **재**	殷	은나라 **은**	故	연고 **고**
惟	생각할 **유**	明	밝을 **명**	君	임금 **군**
賢	어질 **현**	將	장수 **장**	能	능할 **능**
以	써 **이**	上	위 **상**	智	슬기 **지**
爲	할 **위**	間	틈 **간**	者	놈 **자**
必	반드시 **필**	成	이룰 **성**	大	큰 **대**
功	공 **공**	此	이 **차**	兵	군사 **병**
之	갈 **지**	要	구할 **요**	三	석 **삼**
軍	군사 **군**	之	갈 **지**	所	바 **소**

恃	믿을 **시**	而	말 이을 **이**	動	움직일 **동**
也	**야**(어조사)				

의역

예로부터 은(殷)나라가 융성하게 된 것은 하(夏)나라 출신의 이격(伊擊) 덕분이었고, 주(周)나라가 융성하게 된 것은 은(殷)나라 출신의 려아(呂牙) 덕분이었습니다.

그러므로 통찰력을 가진 통치자와 현명한 장수는 정보 수집 활동을 적극적으로 지원하여 이를 통해 위대한 결과를 얻을 것입니다. 정보 수집은 전쟁에서 가장 중요한 요소입니다. 왜냐하면 정보는 군대의 진격에 결정적인 역할을 하기 때문입니다.

제14장

정신적 스트레스의 제어 관리법

손자병법을 아무리 잘 이해하고 이의 실행 전략을 잘 터득하고 있다고 하더라도 지휘관은 말할 것도 없고 구성원들이 정신적 스트레스(Stress, 응력, 應力)를 제대로 제어 관리하지 못한다면 전쟁의 승리를 확신할 수 없을 것입니다(7.6절 참조).

그러므로 정신적 스트레스를 잘 이해하고 그 제어와 관리법을 터득해야 합니다. 스트레스의 개념을 잘 이해하면 일상생활 속에서도 삶의 지혜로 활용할 수 있고, 의학적 그리고 과학기술적 제어와 관리를 통해 오히려 삶의 활력소가 될 수 있기 때문입니다.

스트레스는 생명체에 대한 정신적 스트레스와 물체에 대한 물질적 스트레스의 두 종류로 분류할 수 있습니다. 모든 생명체는 항상 정신적 스트레스를 받습니다. 사람은 말할 것도 없고 반려동물, 가축, 심지어 식물도 정신적 스트레스를 받습니다. 정신적 스트레스를 받고 있다는 것은 살아 있다는 증거입니다.

생명이 없으면 정신적 스트레스도 없습니다. 따라서 생명체는 어느 정도의 정신적 스트레스를 받는 게 삶의 활기가 있는 것이

고 바람직한 것입니다. 문제는 너무 많은 정신적 스트레스를 받으면 병이 나고 심지어 스스로 목숨을 끊는 경우도 있습니다. 견뎌낼 수 있는 정신적 스트레스의 한곗값은 노력에 따라 크게 만들 수 있다는 것을 인식하는 것이 중요합니다.

보통 스트레스를 의학 용어로만 오해하고 있는데 스트레스의 개념은 원래 물질적 스트레스에서 유래했습니다. 스트레스는 외력을 받는 구조체의 변형 응답을 분석하는 구조공학(構造工學)에서 처음으로 도입된 개념으로 응력(應力)이라 부릅니다.

1789년 프랑스 파리에서 태어난 오거스틴 코시(Augustin Cauchy, 1789~1857)는 33세가 되던 1822년에 외력을 받는 구조체의 변형 응답을 분석하면서 구조체 내부의 미소 분자 사이에는 외력에 상응하는 힘이 작용하고 있다고 생각했습니다. 이 물체 내부의 힘, 즉 내력(內力)을 스트레스라 부릅니다.

구조공학에서 스트레스(S)는 압력의 세기, 다시 말해 면적 A에 작용하는 힘의 크기 F로 정의됩니다. 즉 S = F/A라 정리할 수 있습니다. 따라서 스트레스는 외부 힘의 크기(분자 F)가 커질수록 커집니다. 반대로 힘의 작용 면적(분모 A)이 커지면 스트레스는 작아집니다. 스트레스가 감당할 수 있는 값보다 더 커지면 원래 연속이었던 물체 내부의 분자 사이에 틈이 생겨 물체는 파괴됩니다.

이 구조공학 이론은 인간의 삶에도 지혜를 주고 있습니다. 만일 스트레스를 작게 만드는 것만을 목표로 삼는다면 분자 F, 즉 작용 외력의 크기를 줄이면 될 것입니다. 정신적 스트레스 관리 측면에서는 다양한 외압을 유발하는 외부 활동을 줄이면 됩니다. 그러나 현대 사회에서 외부 활동을 줄인다는 것은 쉽지 않고 바람직하지도 않습니다. 이를 현명하게 극복하는 방법은 분모 A를 크게 만드는 것입니다. A를 크게 만든다는 것은 소질과 재능을 일류로 연마하여 역량을 강화한다는 뜻입니다.

같은 일을 시켜도 어떤 사람은 스트레스를 거의 받지 않고 일처리를 잘하는 데 반해 어떤 사람은 스트레스를 많이 받고 힘들어합니다. 이것은 분자 F는 동일해도 분모 A가 다르기 때문에 생기는 일입니다. 분모 A를 크게 만들 수 있다면 스트레스가 커지지 않도록 제어하면서 분자 F를 크게 할 수 있을 것입니다. 다시 말해 더 많은 외력이 걸리는 외부 활동을 활발히 수행해도 스트레스는 크게 받지 않게 된다는 뜻입니다.

스트레스가 커지더라도 파괴가 생기지 않도록 제어 관리하는 것도 필요합니다. 즉 견뎌낼 수 있는 스트레스의 한곗값(구조공학에서는 재료의 항복응력)을 크게 만들어주면 스트레스가 커지더라도 병이 나지 않고 건강하게 활동할 수 있습니다.

이를 위해 체질과 성격을 개선해야 합니다. 식견을 넓히고 포용력을 키워야 합니다. 통찰력과 마음의 통일과 올바른 지혜를 가져야 합니다. 탐욕을 없애고, 분노를 끊으면 마음이 편해지고 걱정이 없어집니다. 말은 침착하고 진중하게 하되, 보지 않은 것을 보았다고 하지 말고, 듣지 않은 것을 들었다고 하지 말고, 나쁜 것을 보았으면 전하지 말고, 나쁜 것을 들었으면 퍼뜨리지 말아야 합니다.

孫子兵法

손자병법

원문 읽기

일류(一流) 성공을 위한 4대 요소 이론

개인이나 조직 나아가 국가의 역량은 세계 초일류, 일류(一流), 이류(二流), 삼류(三流) 그리고 사류(四流)의 다섯 등급으로 분류되고 있습니다. 세계 초일류는 피겨의 여왕이라 불린 김연아급으로 해당 분야에서 세계적으로 독보적인 존재를 말합니다. 흔히 우스개로 삼류는 짐승급(?), 사류는 쓰레기급(?)을 일컫습니다.

개인, 조직 나아가 국가 모두 일류 이상으로 성공하기를 갈망합니다. 학창시절 모범적이고 학업성적이 탁월해 미래에 일류로 성공할 것만 같았던 사람이 삼류나 사류의 삶을 사는 사례가 많습니다. 반대로 학업성적은 나빴지만 일류의 성공적인 삶을 사는 경우도 많습니다. 풍부한 천연자원으로 부강한 일류국가로 발전할 것 같은 나라가 국민의 삶이 피폐한 삼류, 사류국가로 전락한 경우가 있는가 하면 반대로 천연자원은 빈약하지만 국민들이 풍요롭고 행복한 삶을 살고 있는 일류국가도 많습니다.

머피의 법칙에 따르면 모든 결과에는 반드시 인과관계가 존재합니다. 불교에서 말하는 연기(緣起)의 법칙도 이와 다르지 않습니다. 그러므로 우연이란 없습니다. 잘 인식하지 못할 뿐이지 성공에도 법칙이 존재합니다.

일류 성공을 위해서는 네 가지 요소를 잘 갖춰야 합니다. 최고의 인프라 설비, 최고의 인재(개인은 재능), 최고의 기술, 최고의 비전 전략이 그것입니다. 이 네 가지 각 요소는 동등하게 중요합니다. 수치적으로는 10점 총점에 각 2.5점씩을 차지합니다. 일류 성공의 기준은 네 가지 요소의 종합점수가 9점 이상이어야 합니다. 어느 한 가지 요소가 탁월하더라도 종합점수가 9점을 넘지 못하면 일류 성공이 어렵습니다.

첫째, 최고의 인프라 설비를 갖춰야 합니다. 세계 초일류가 된 김연아는 자신의 발에 잘 맞는 최고의 스케이트화와 훈련을 위한 좋은 아이스링크 인프라 설비를 갖추고 있었습니다. 우수한 요리사도 식칼과 도마만 있으면 되는 게 아니라 최고의 조리 도구를 갖추어야 합니다. 온도나 조리시간의 미묘한 차이만으로도 음식 맛이 크게 달라지기 때문입니다. 일류 선진국이 되기 위해서는 최고의 도로망, 철도, 공항, 항만 등 최고의 인프라 설비를 갖추고 있어야 합니다. IT 강국의 전제조건은 최고의 인터넷 인프라 설비입니다. 우리 속담에 실력이 좋지 않은 목수가 연장 탓한다는 말이 있습니다. 이것은 기술이 부족한 사람을 나무랄 때 쓰는 속담인데 항상 옳다고 할 수 없습니다. 일류 목수가 되려면 기술도 최고여야 하지만 최고의 연장이 필요하기 때문입니다.

둘째, 최고의 재능(기업이나 국가는 인재)이 필요합니다. 모든 사람은 최소 한 가지 이상의 소질과 재능을 갖추고 태어납니다. 자신이 가장 잘할 수 있는 분야에 매진해야 일류 성공 가능성이 커집니다. 유소년기에 부모나 학교가 소질과 재능을 발견해 주는 교육 체계가 필요합니다. 김연아도 어린 시절에 피겨스케이팅의 재능을 부모와 학교에서 찾아 주었습니다. 기업이나 국가는 최고의 역량을 가진 인재를 양성하고 확보해야 합니다.

셋째, 최고의 기술과 상품화 능력을 갖춰야 합니다. 김연아의 3회전 점프기술은 탁월했으며, 이를 꾸준히 연마했습니다. 최근의 과학기술 발전 속도는 과거보다 훨씬 빠릅니다. 최고의 과학기술 경쟁력을 갖추기 위해서는 선진기술 연구개발이 지속적으로 이루어져야 합니다. 또 혁신을 넘어 혁명적인 과학기술의 연구 개발과 상품화 역량을 갖춰야 합니다.

넷째, 최고의 비전 전략이 필요합니다. 비전(Vision) 전략이란 남보다 한발 앞서 시대의 변화를 읽고 획기적인 전략을 수립하는 지혜(智慧)입니다. 남과 다른 아이디어가 비전일 가능성이 큽니다. 상식의 토대 위에서 남보다 한발 앞선 탁월한 비전 전략이 필요합니다. 오늘날 산업제품은 다양한 요소기술의 융합에 의해 완성됩니다. 핵심 원천기술의 독자적 개발에만 매달리기보다 기존의 선진 과학기술을 실용적으로 통합 활용하는 것이 더 현명한 상품화 전략이 될 수 있습니다. 스티브 잡스의 성공비결이 바로 이것입니다. 《손자병법(孫子兵法)》은 최고의 비전 전략을 수립하는 데 훌륭한 지침을 제공하고 있습니다.

손자병법 원문 읽기

초판 1쇄 2023년 07월 01일
2판 1쇄 2023년 07월 24일

지은이 손자
옮긴이 백점기
발행인 김재홍
교정/교열 김혜린
마케팅 이연실
디자인 박효은, 현유주

발행처 도서출판지식공감
등록번호 제2019-000164호
주소 서울특별시 영등포구 경인로82길 3-4 센터플러스 1117호{문래동1가}
전화 02-3141-2700
팩스 02-322-3089
홈페이지 www.bookdaum.com
이메일 jisikwon@naver.com

가격 30,000원
ISBN 979-11-5622-801-1 03140